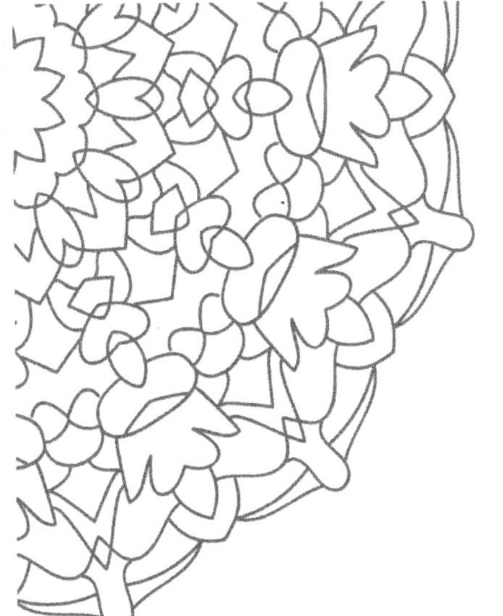

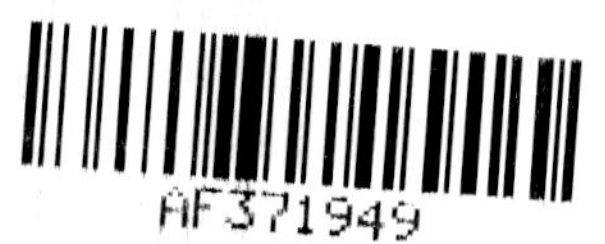

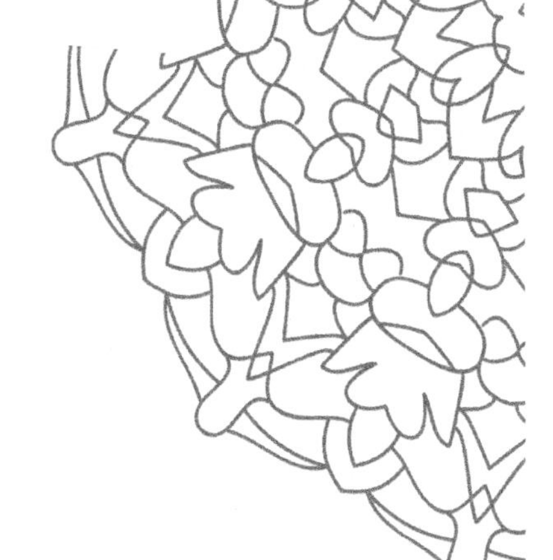

Malbuch für
Erwachsene
Entspannung

MEDITIEREN mit MANDALAS

Coloring Bandit

Veröffentlicht von Speedy Publishing Canada Limited

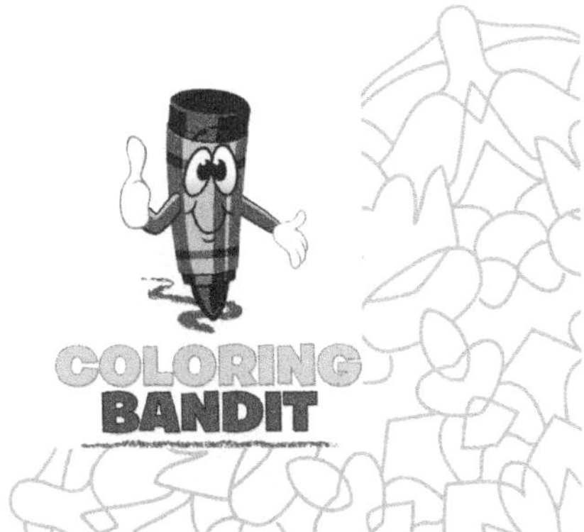

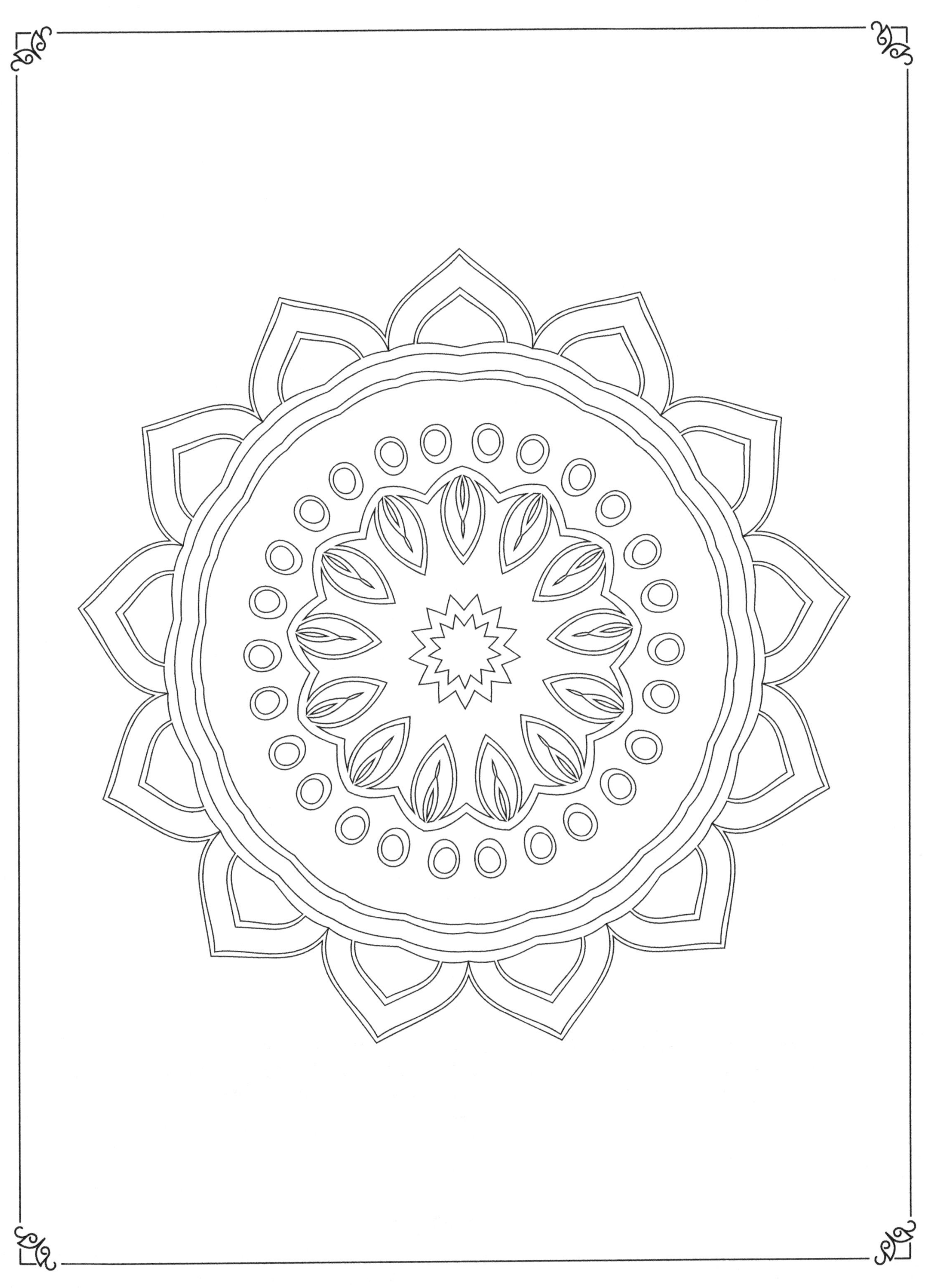

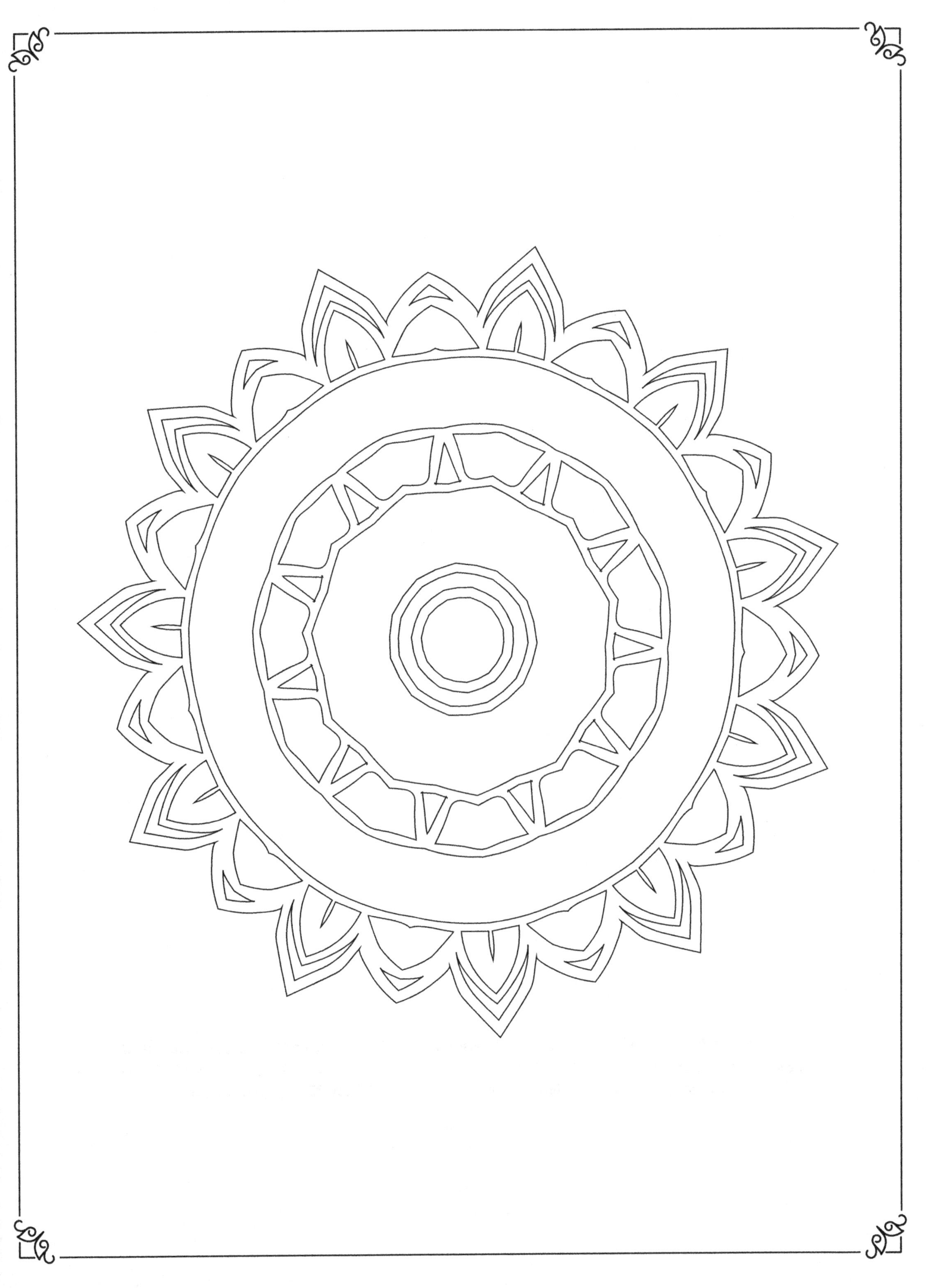

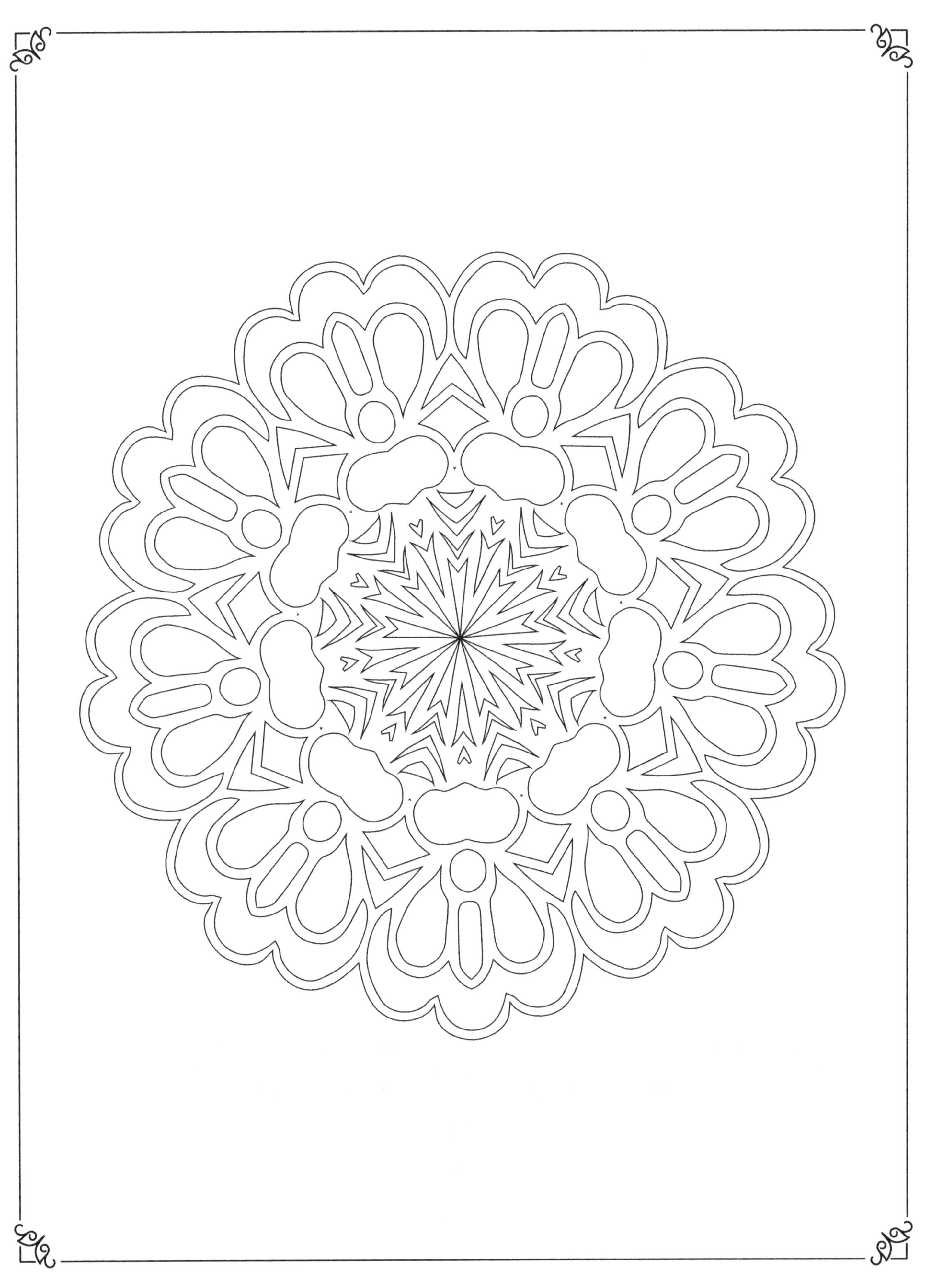

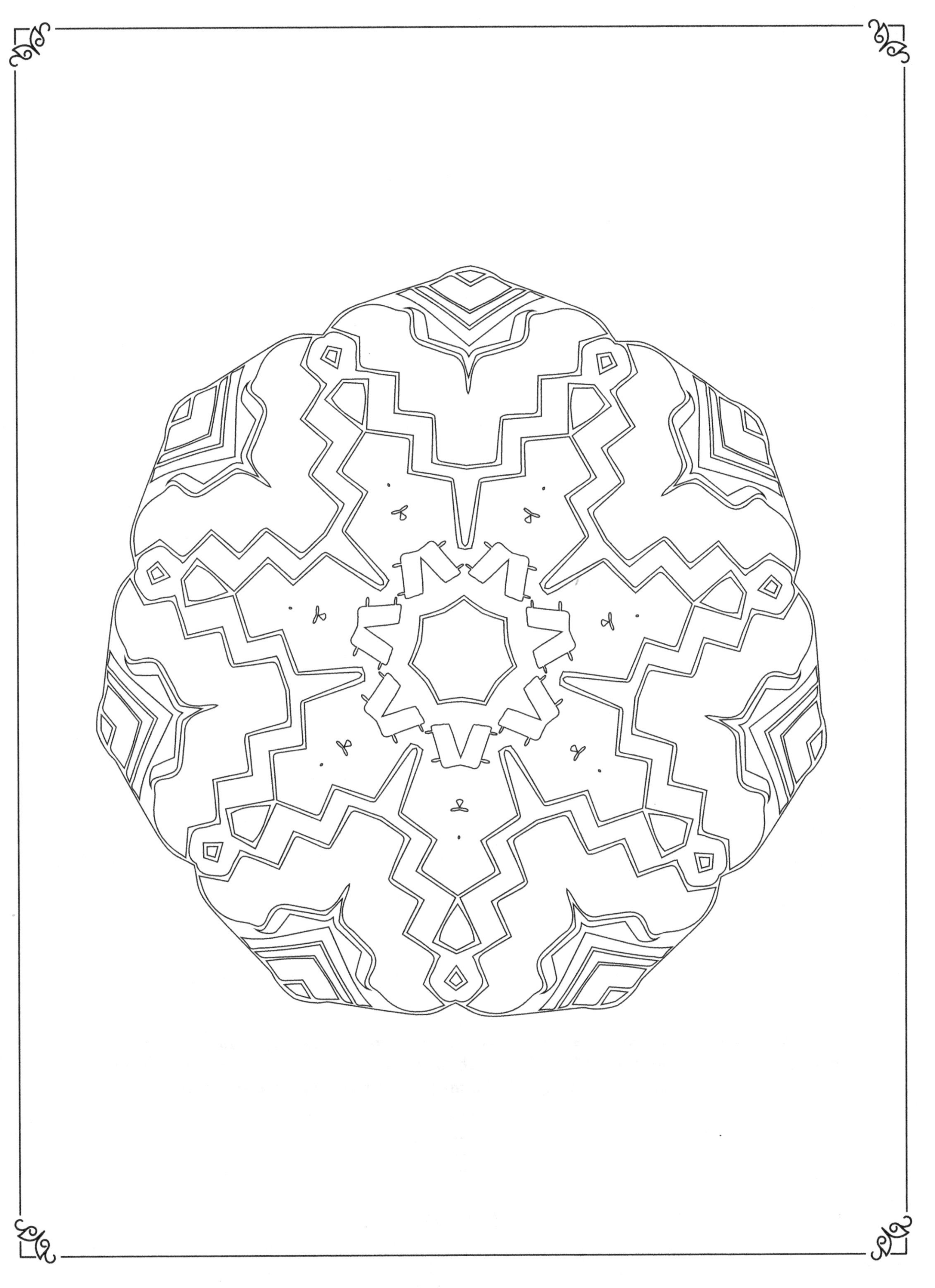

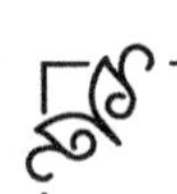

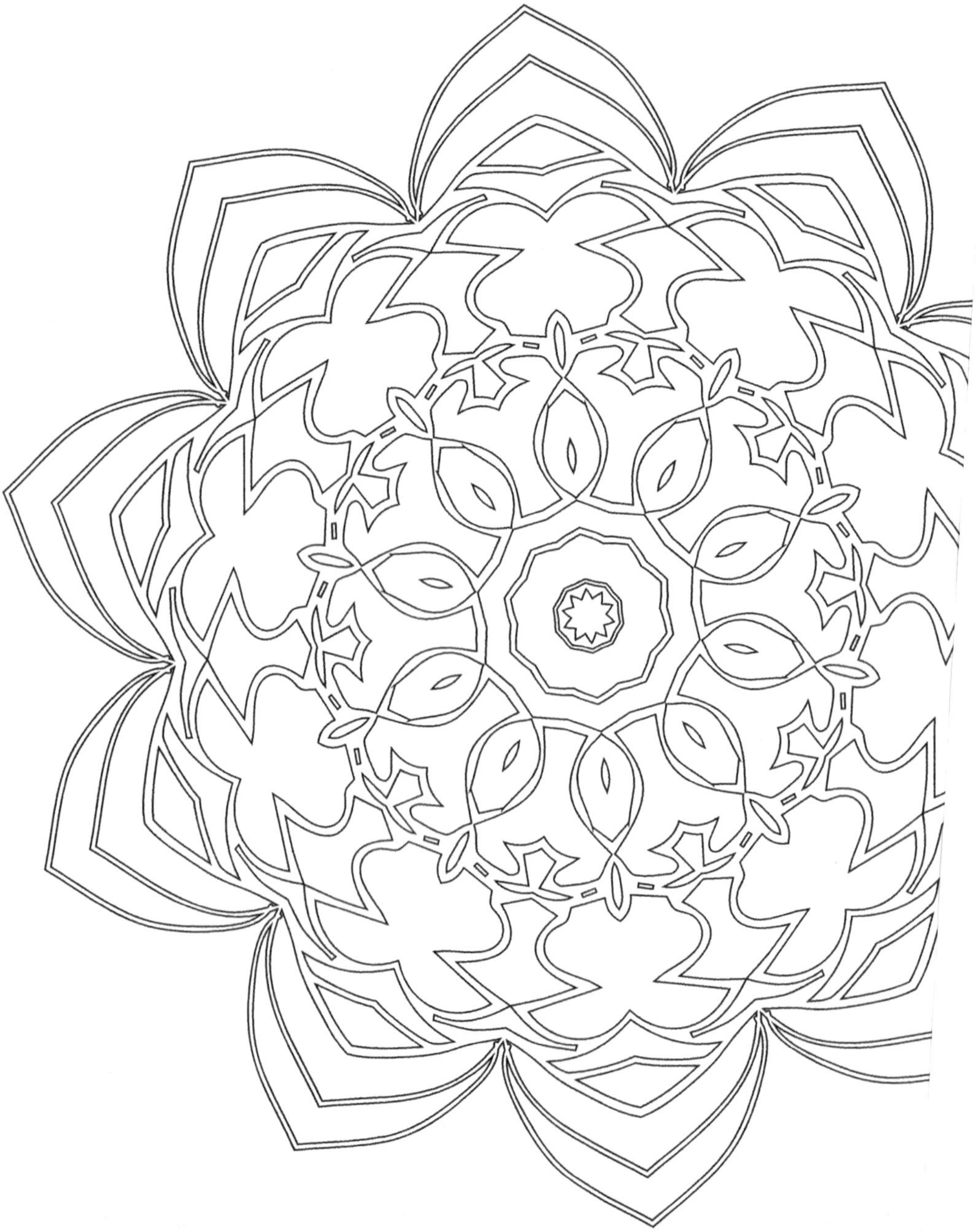

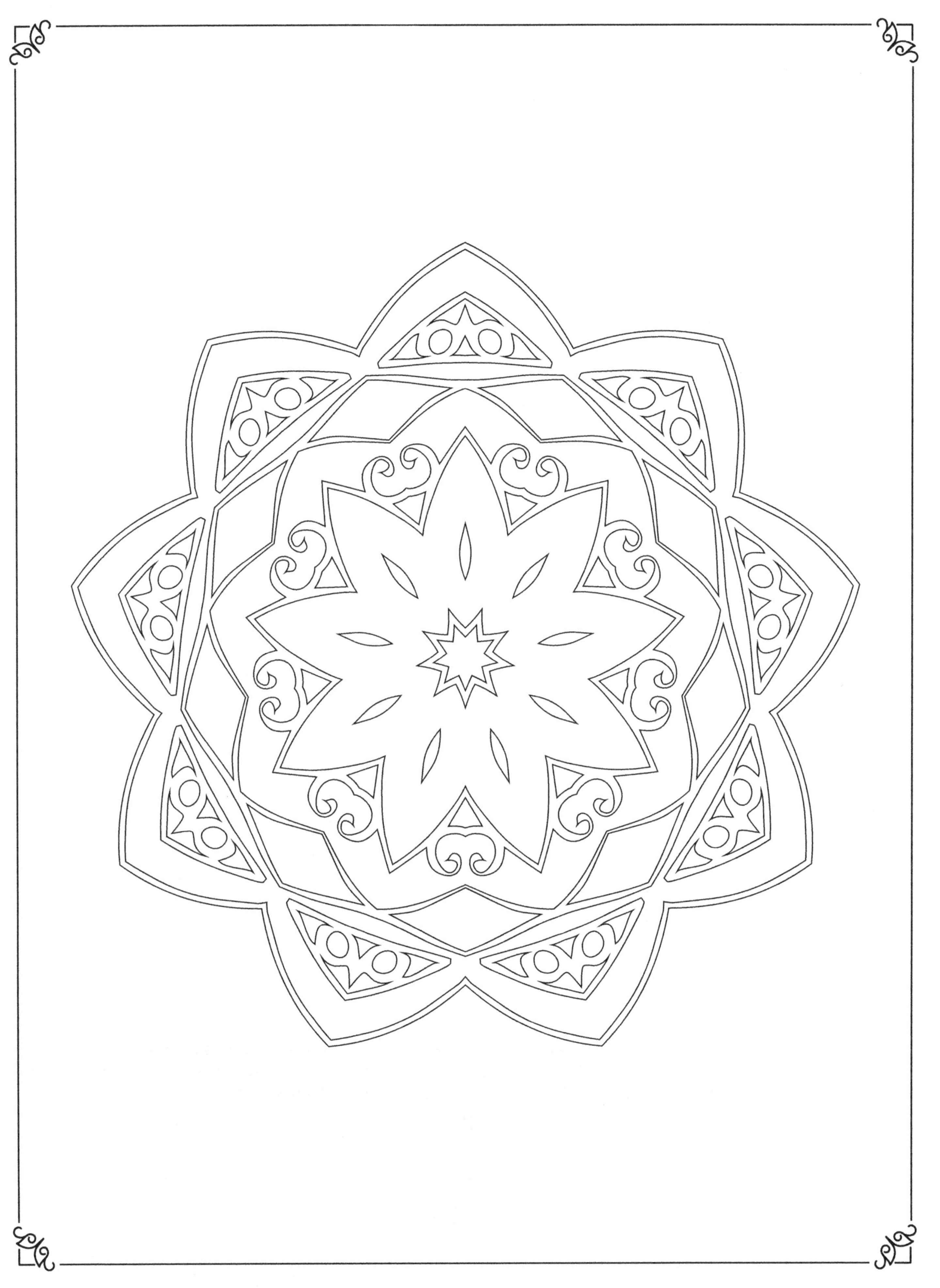

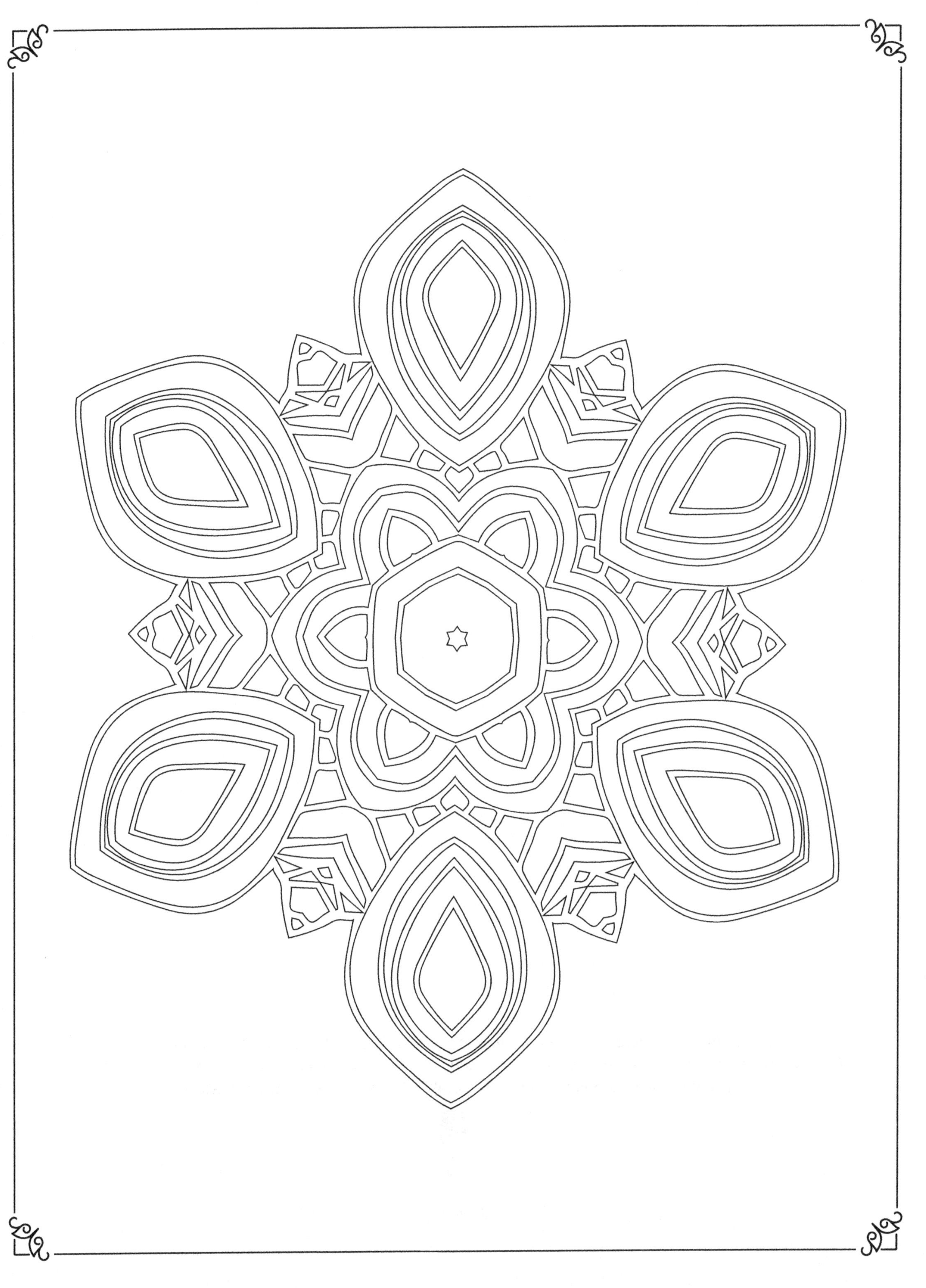

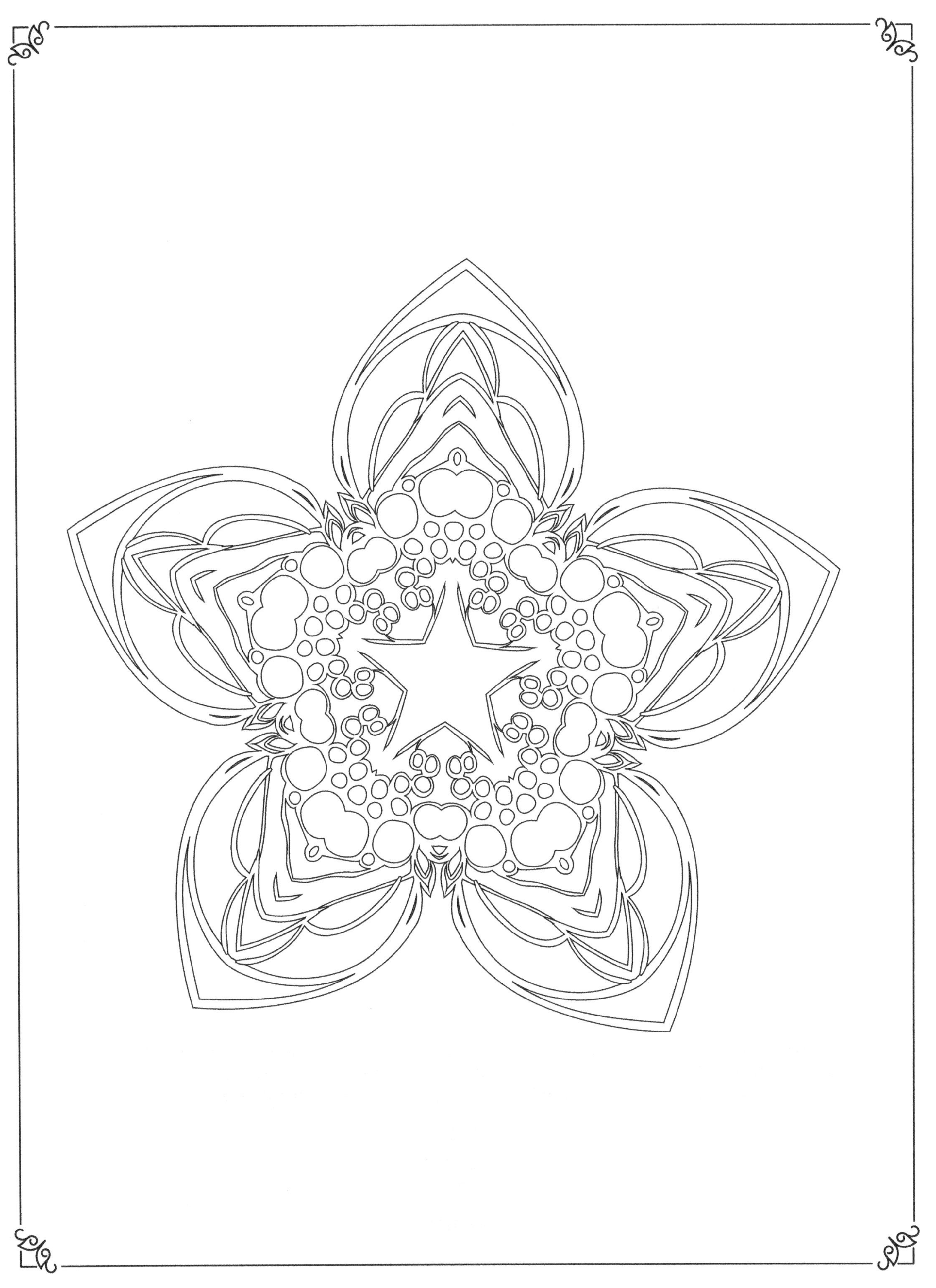

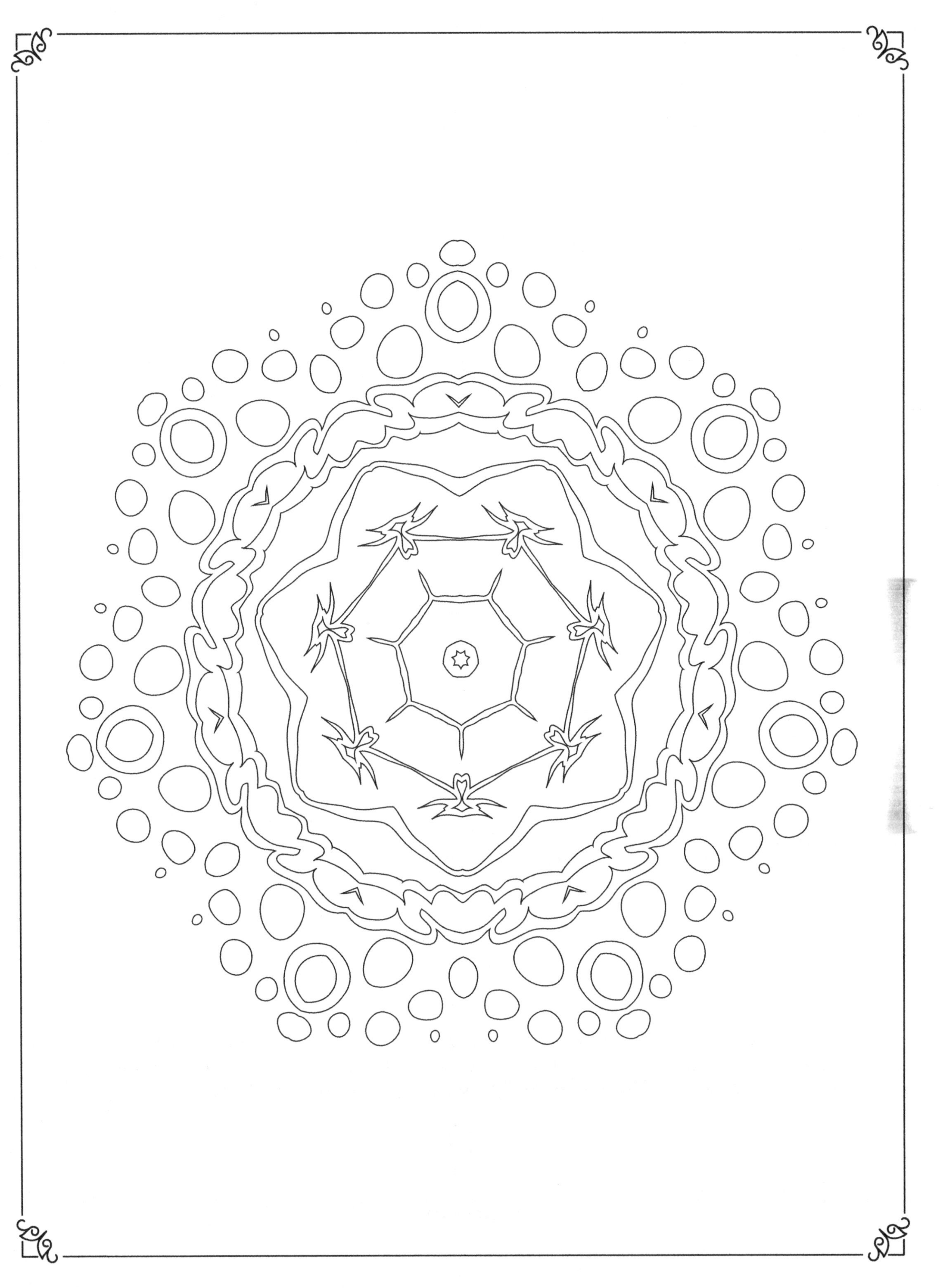

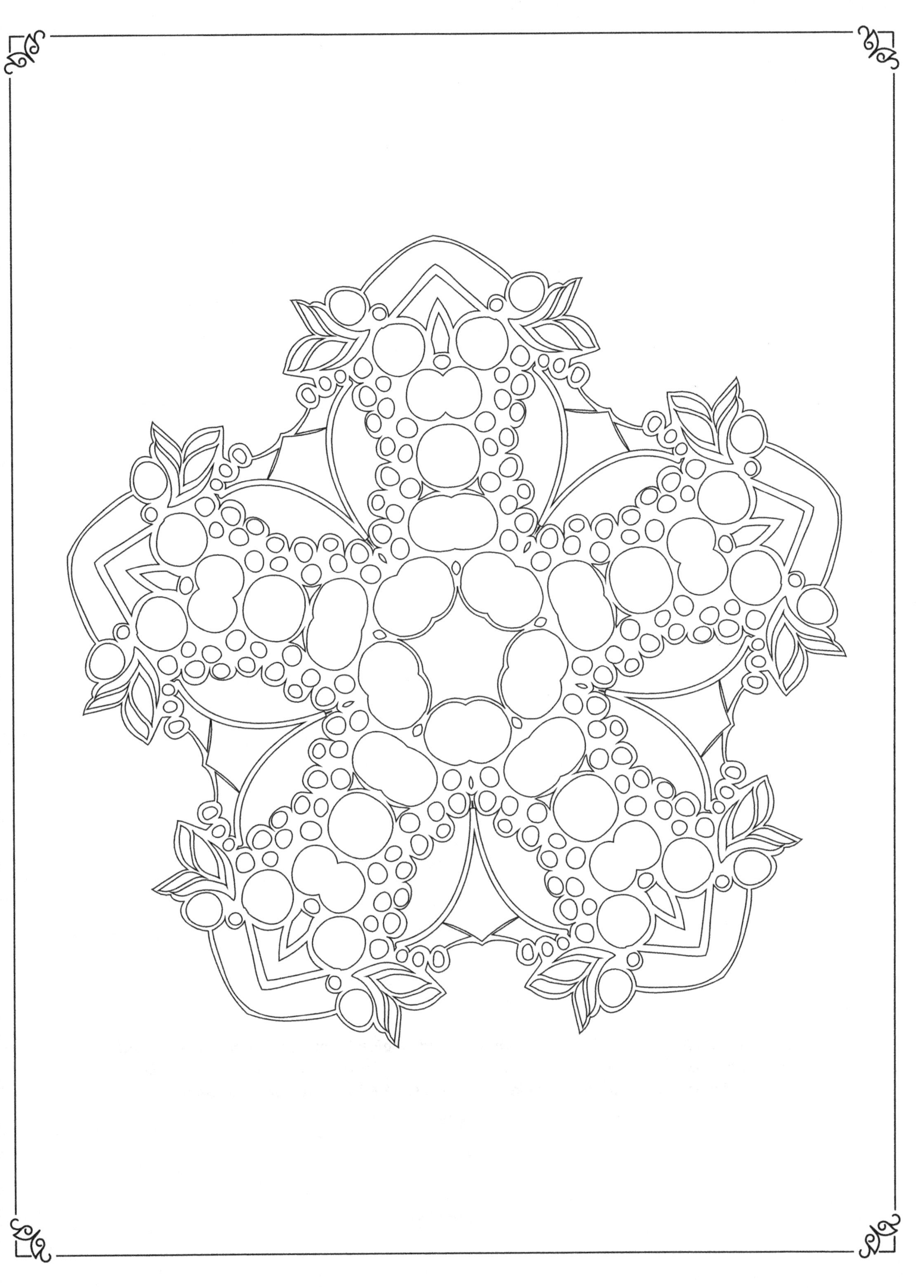

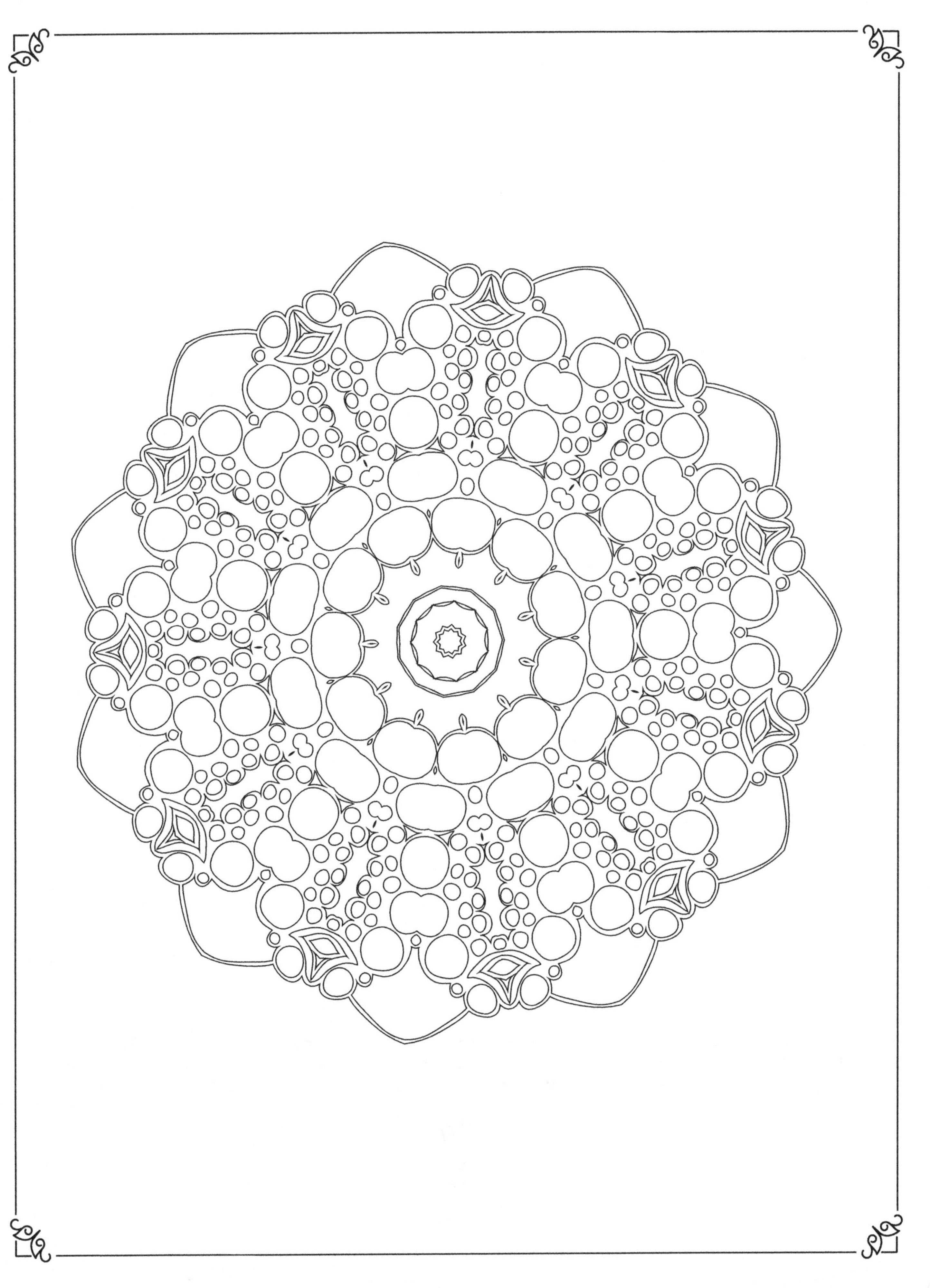

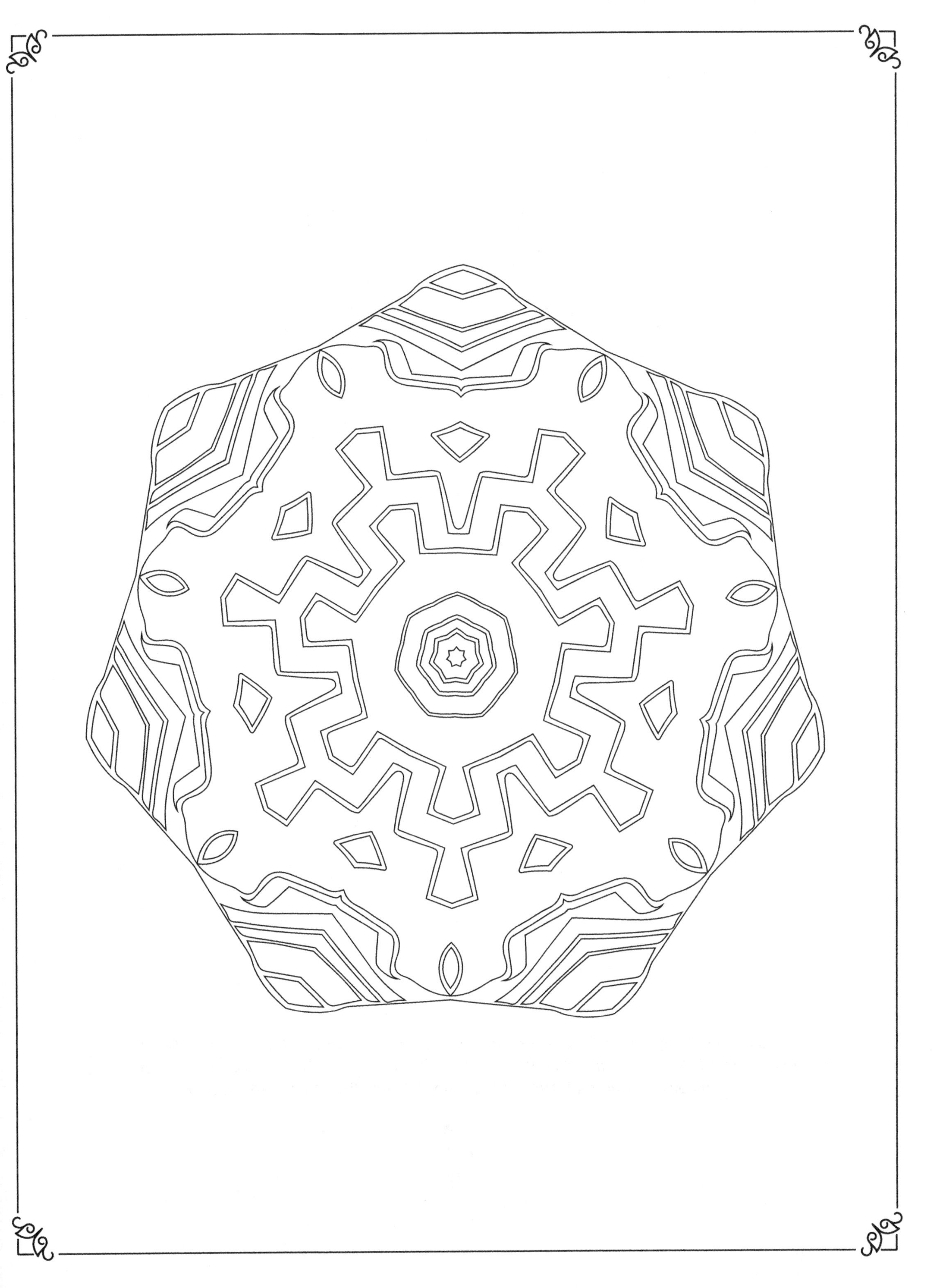

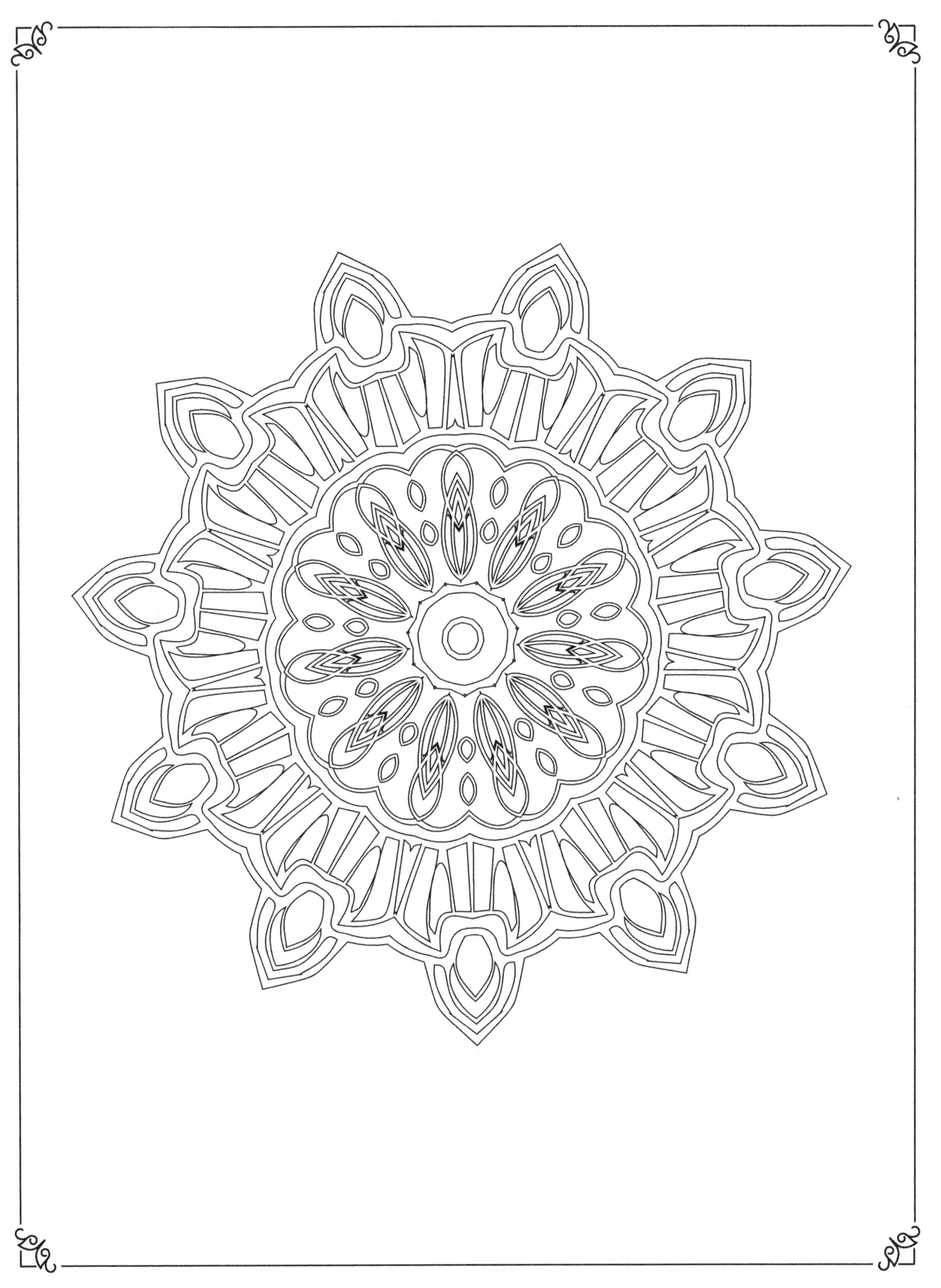

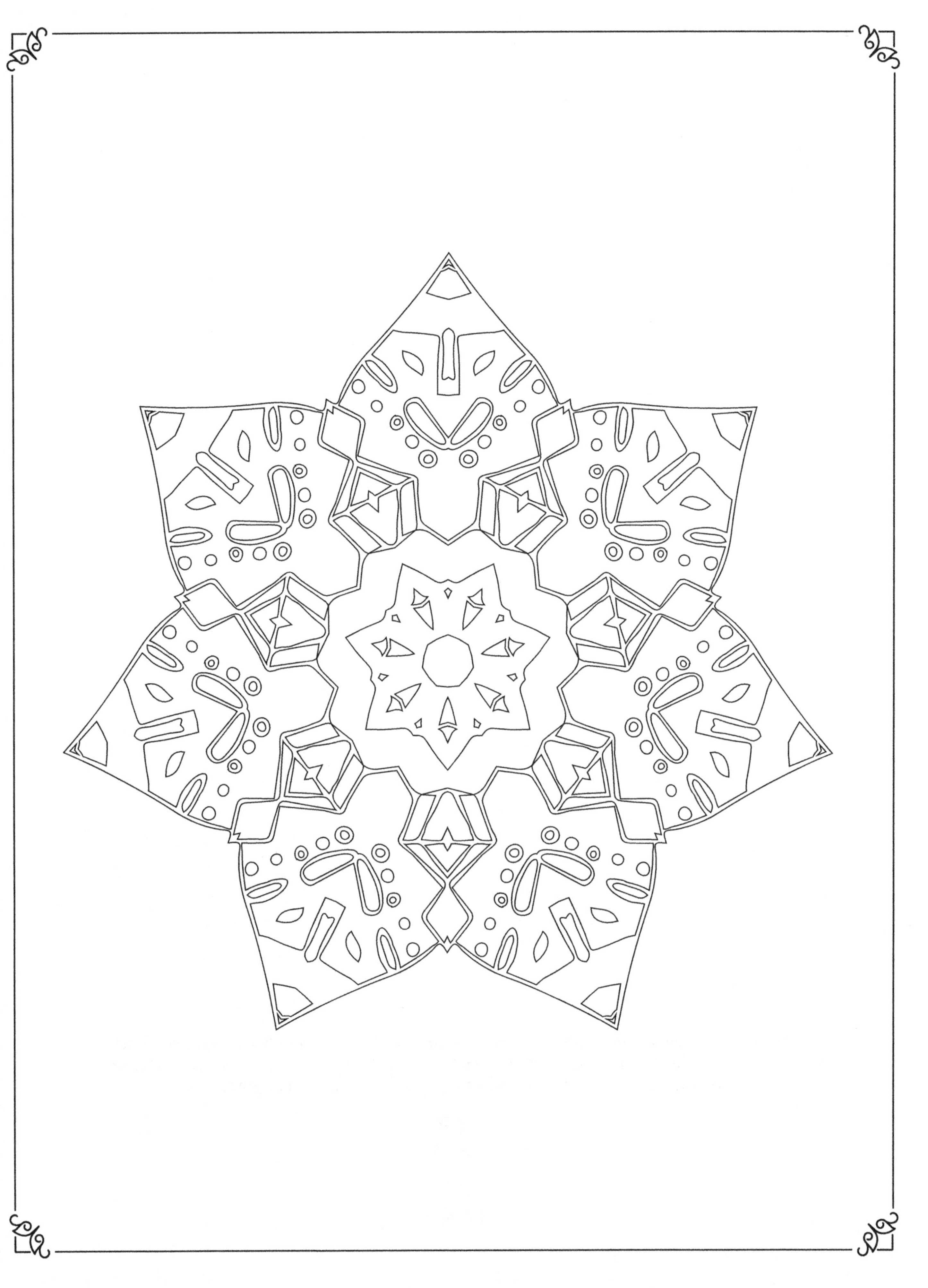

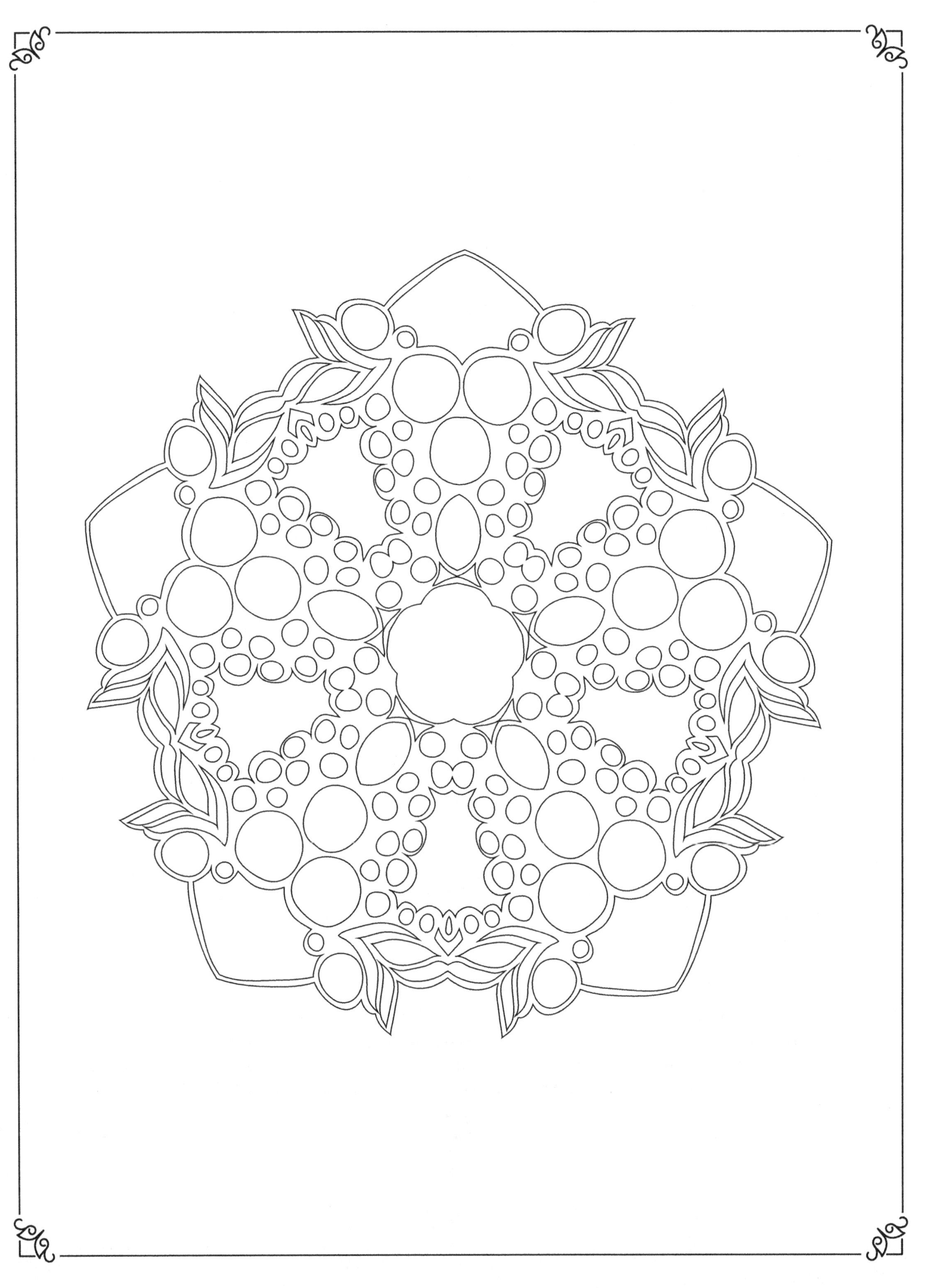

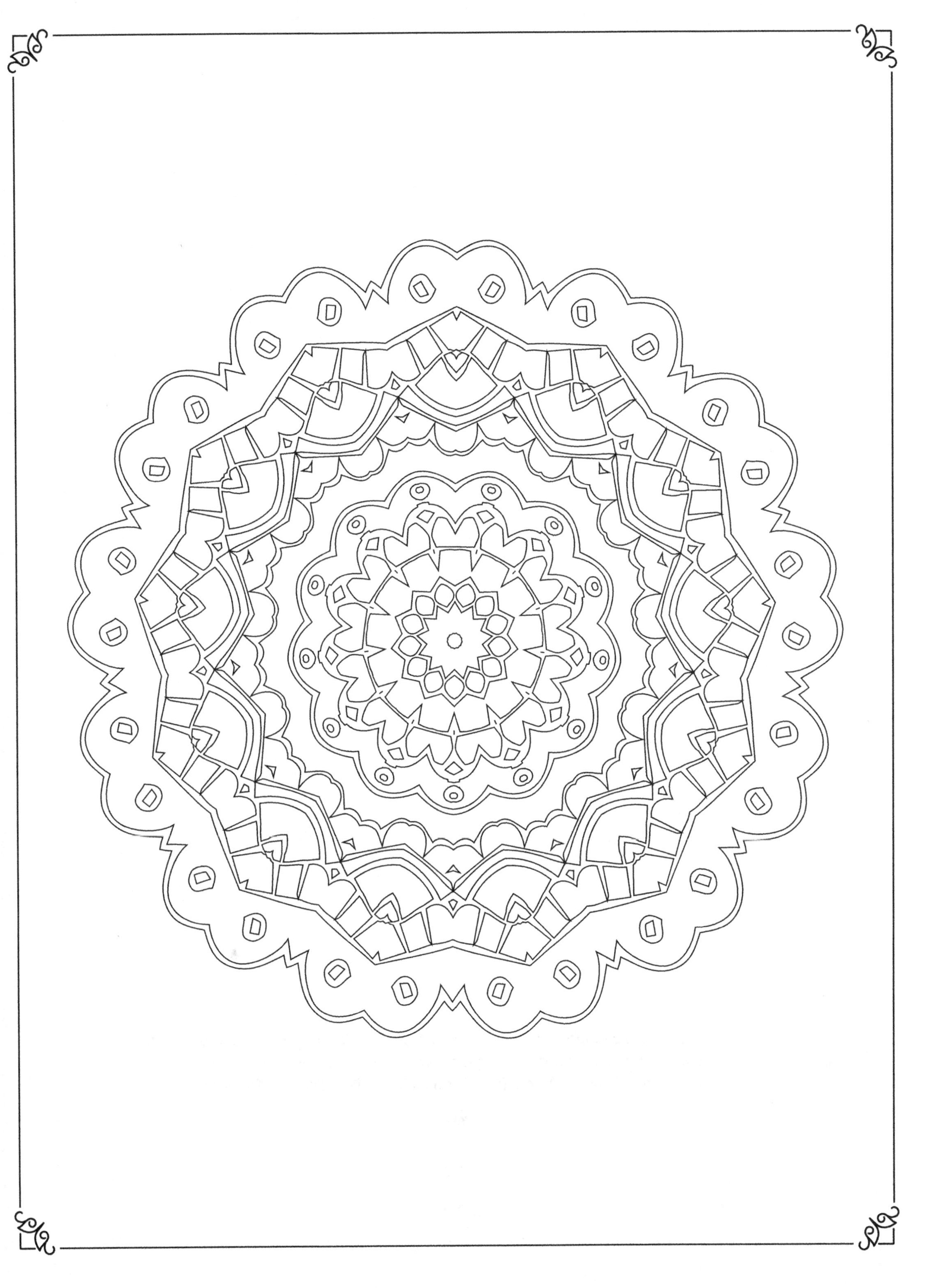

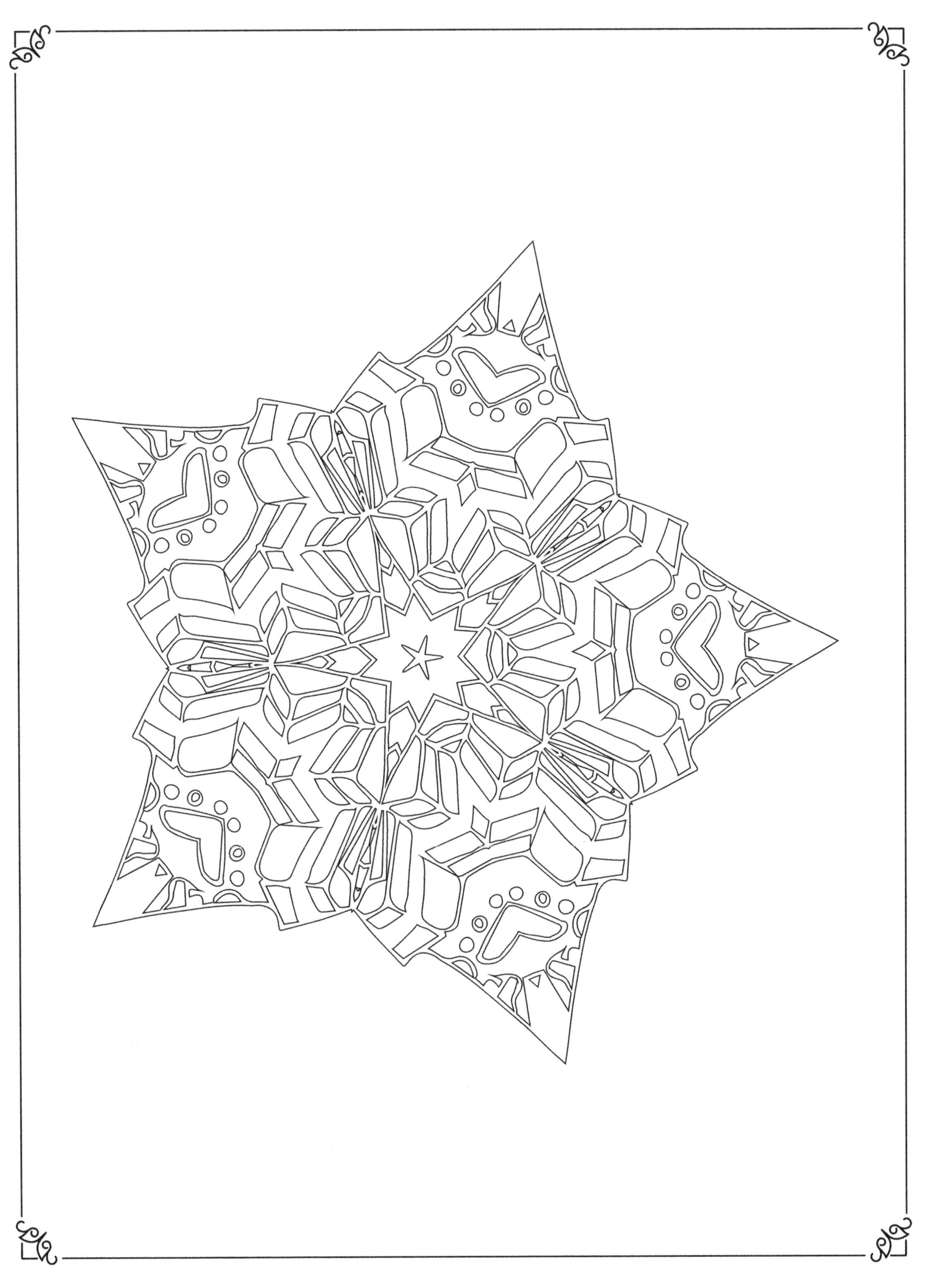

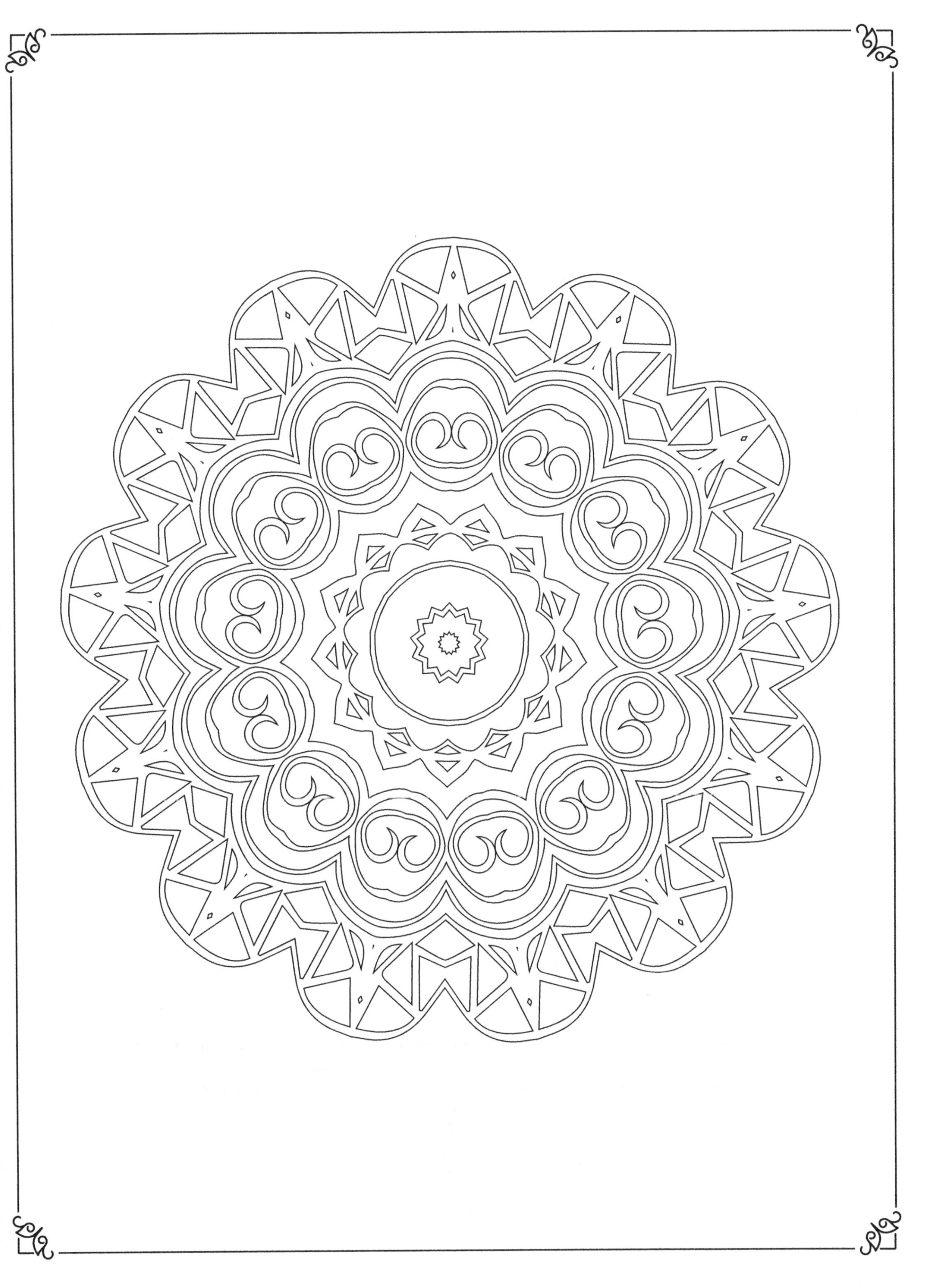

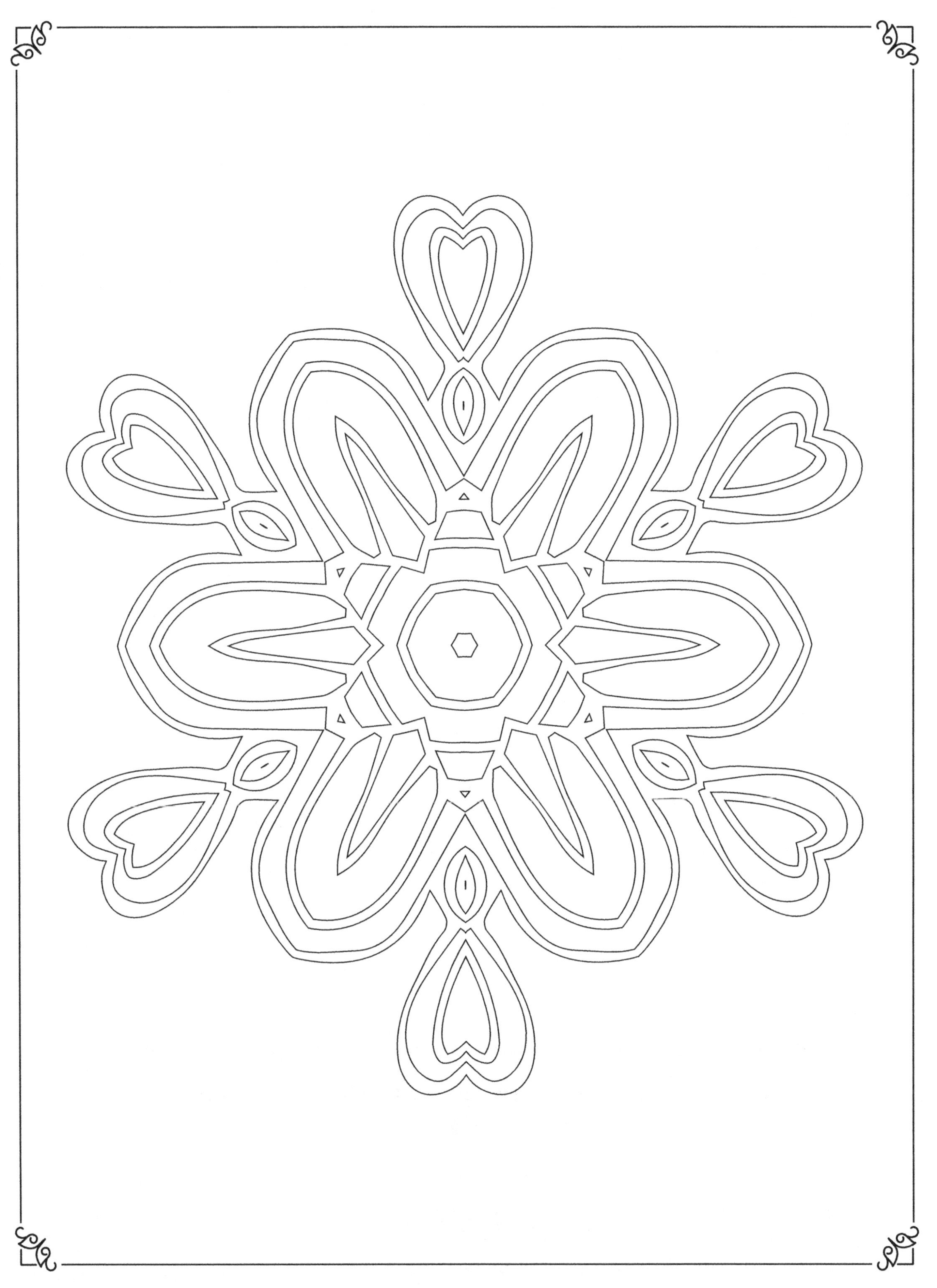

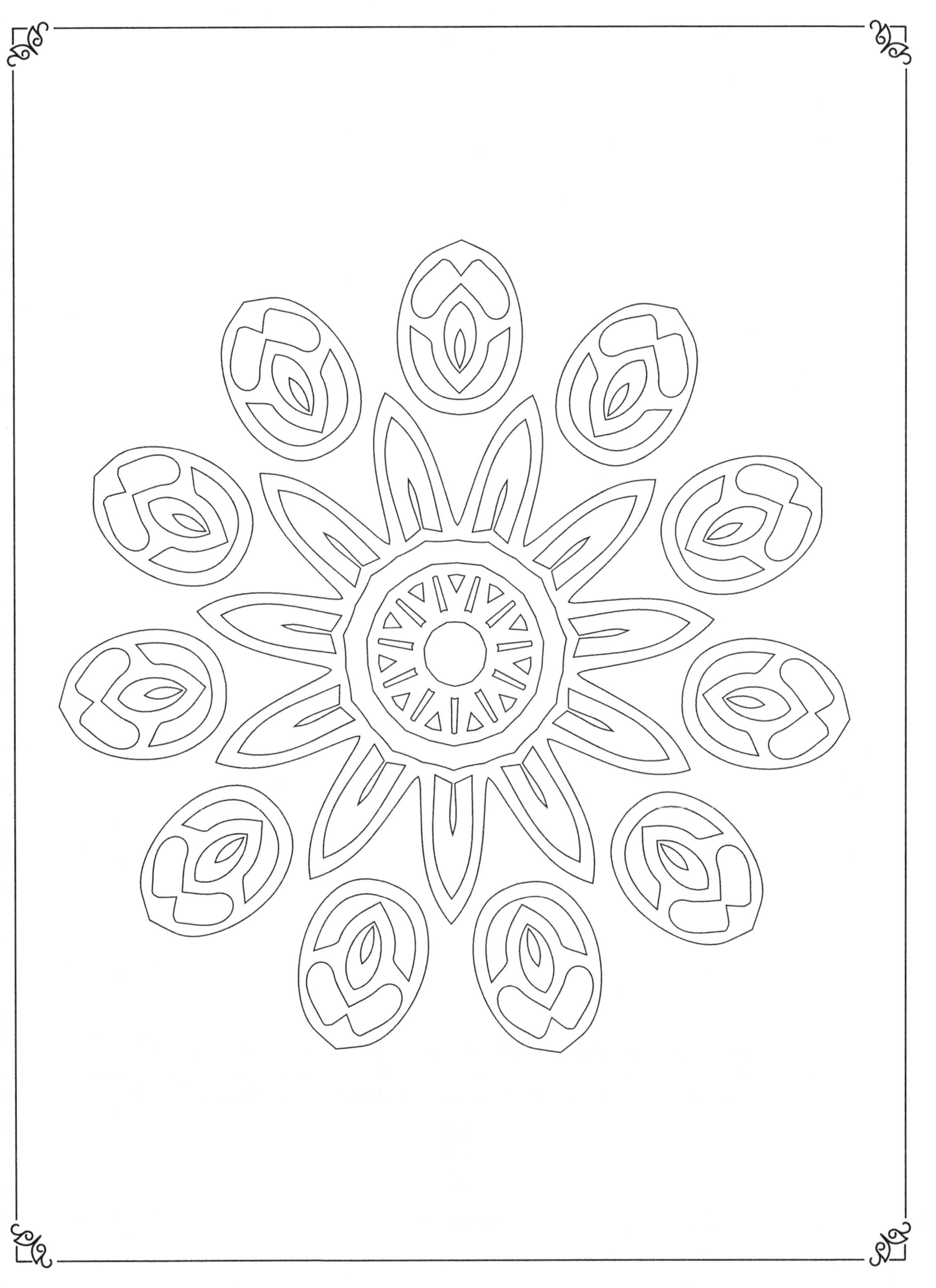

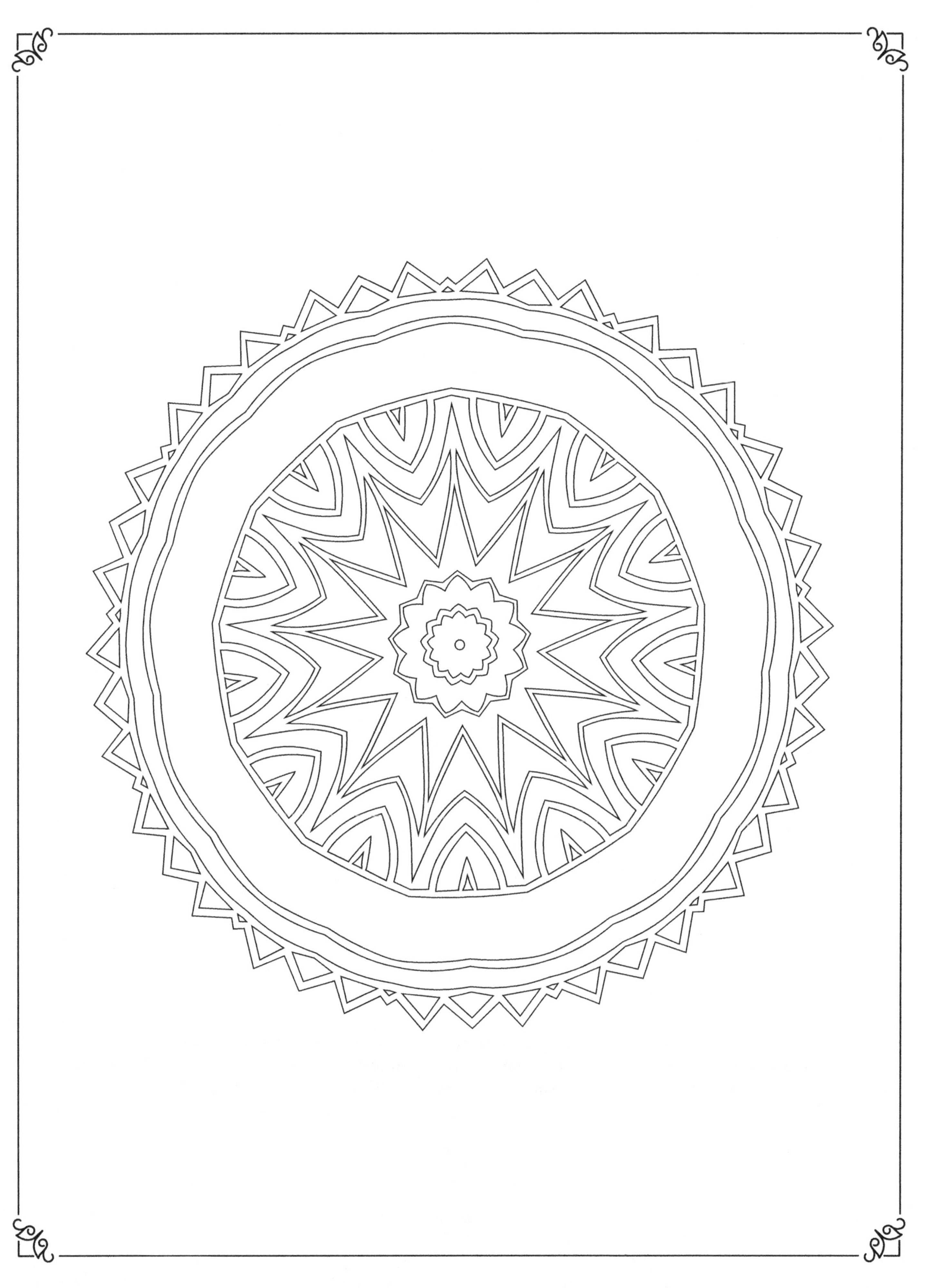

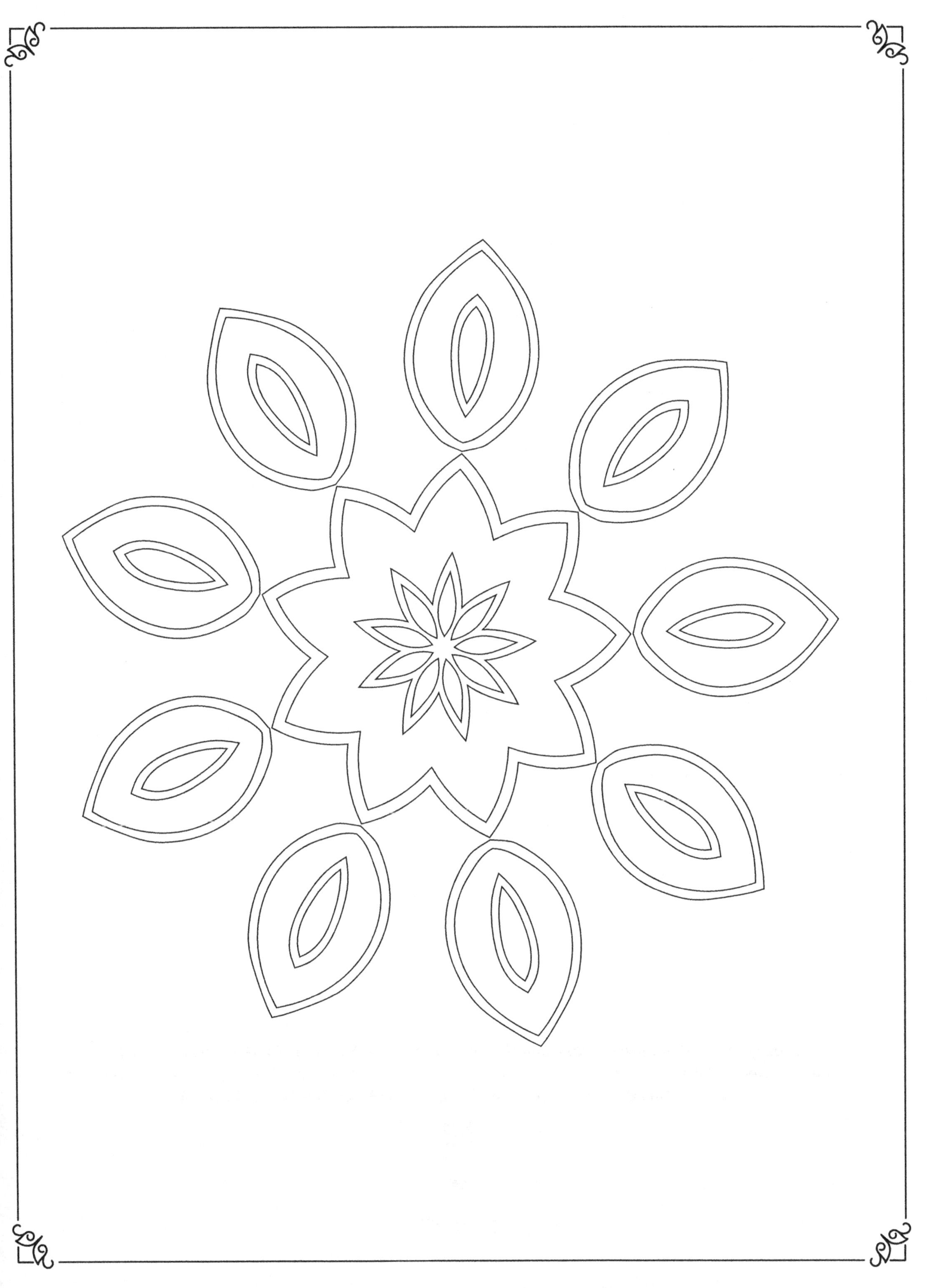

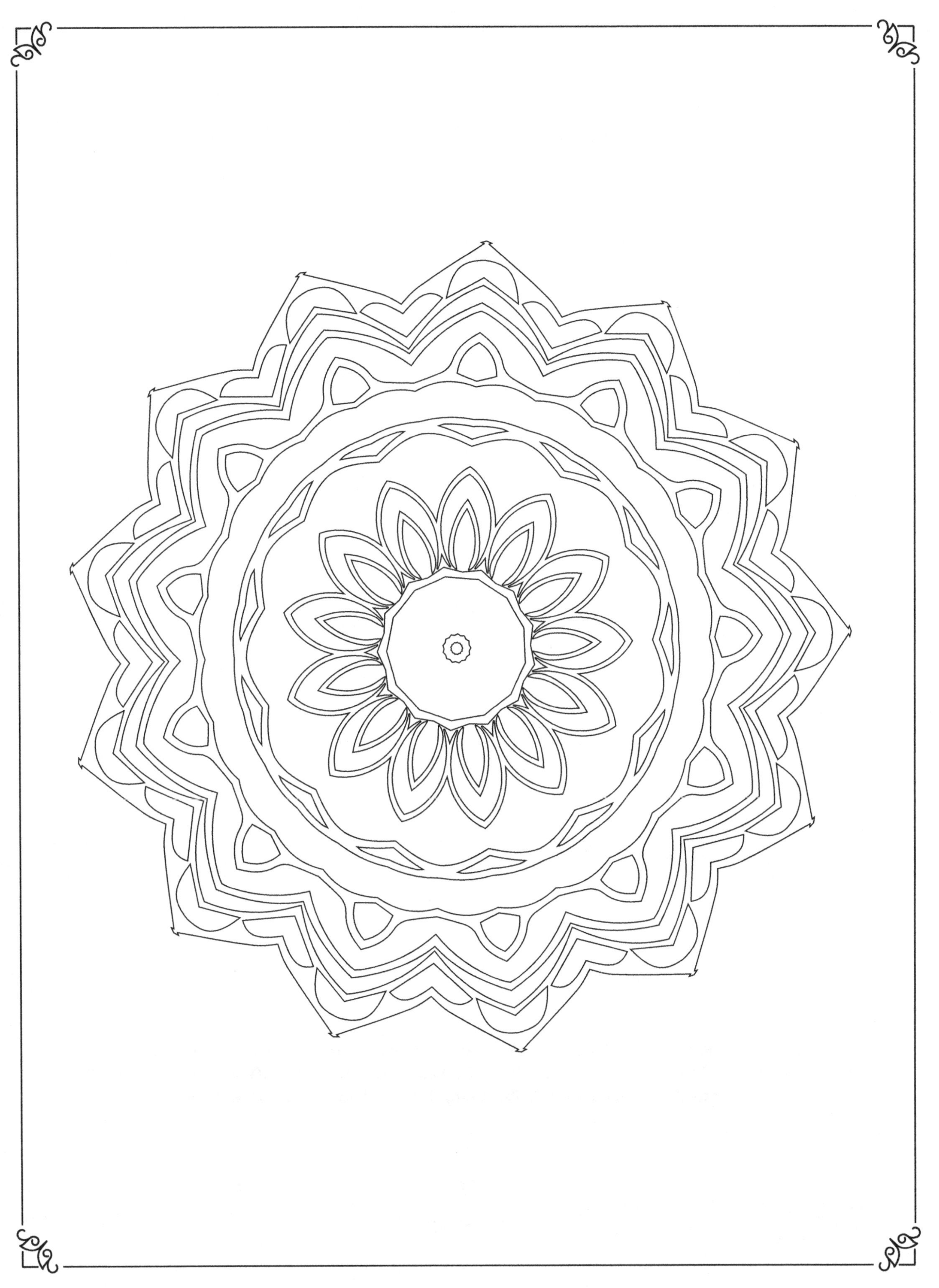

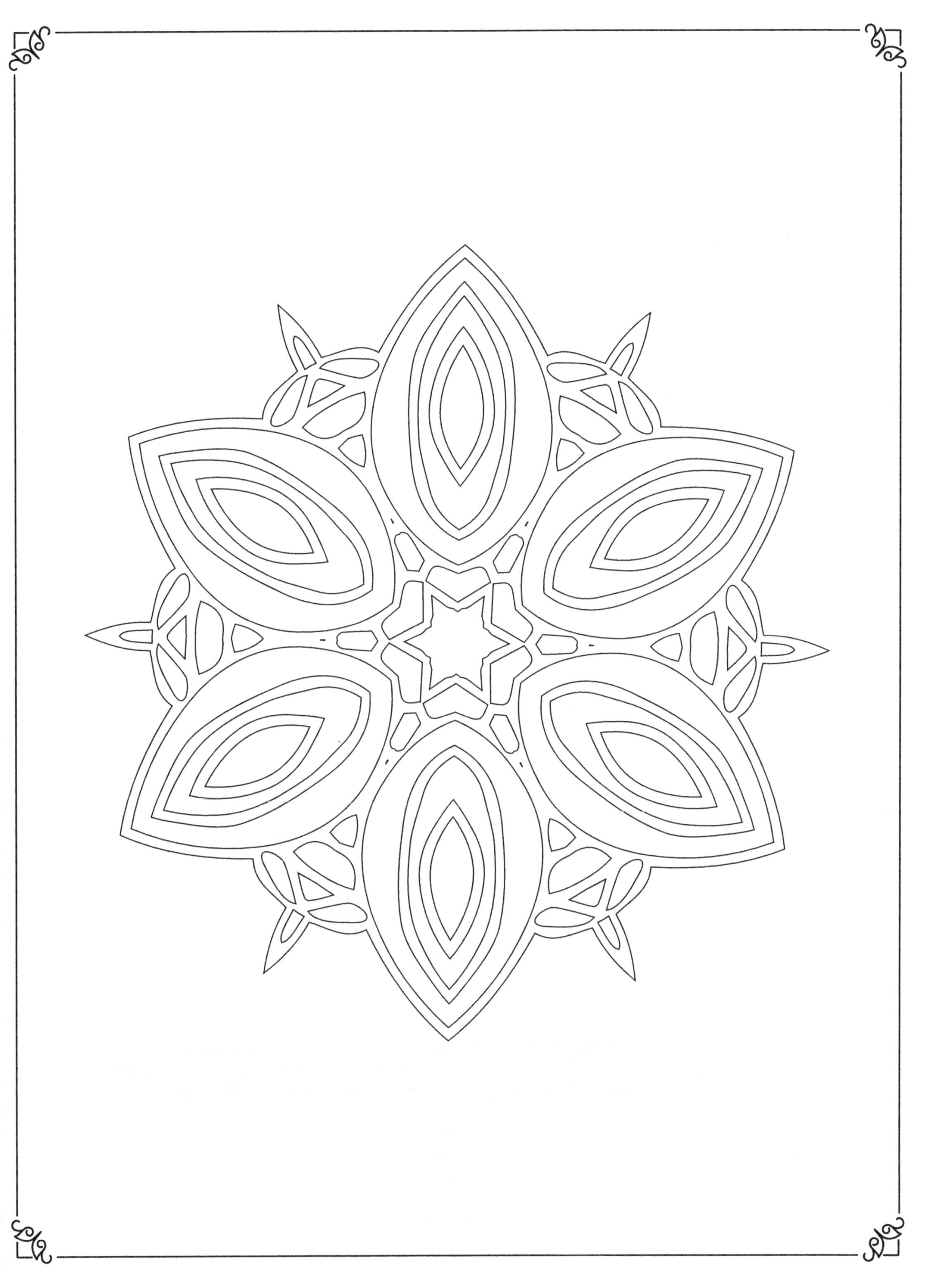

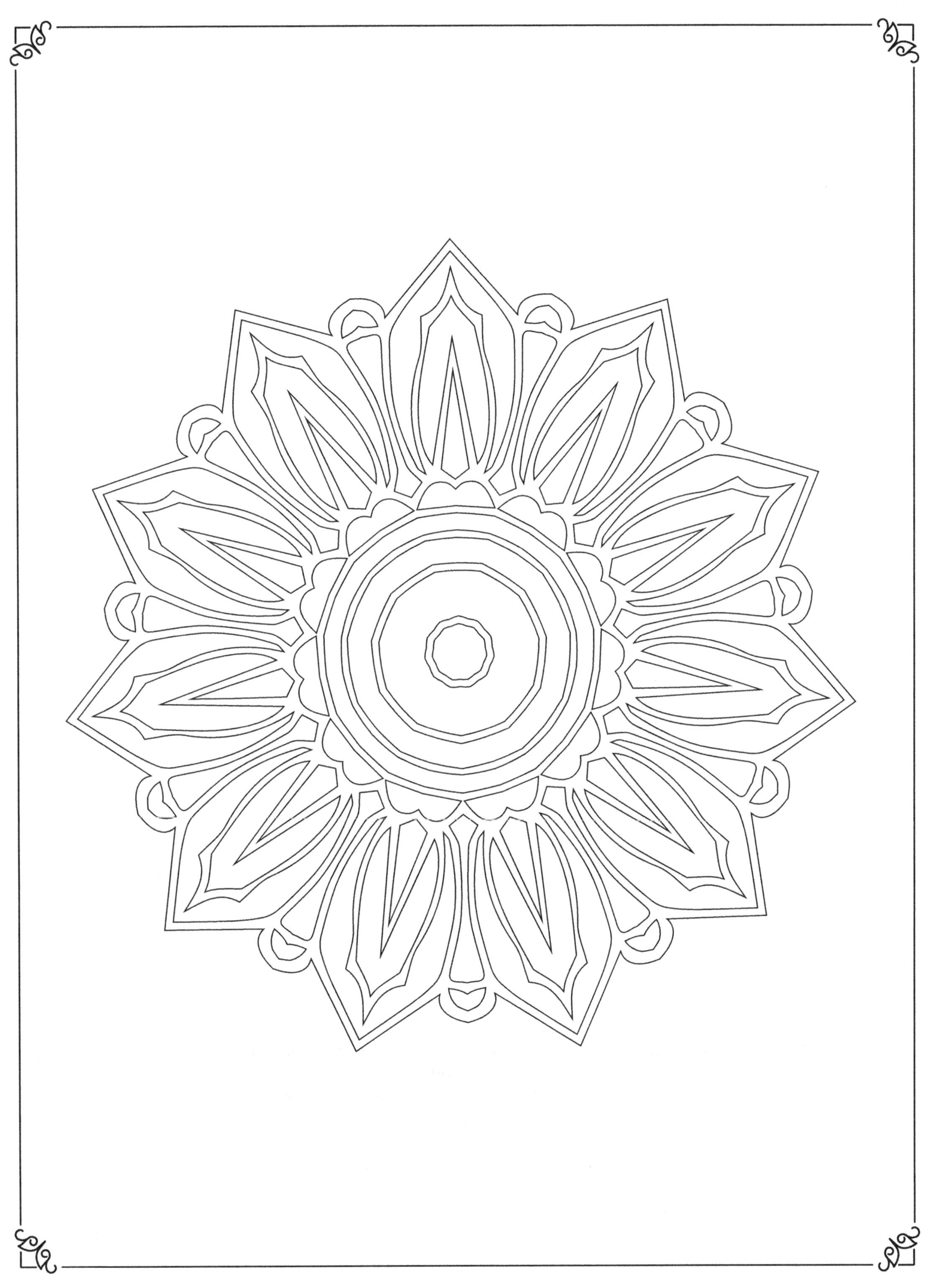

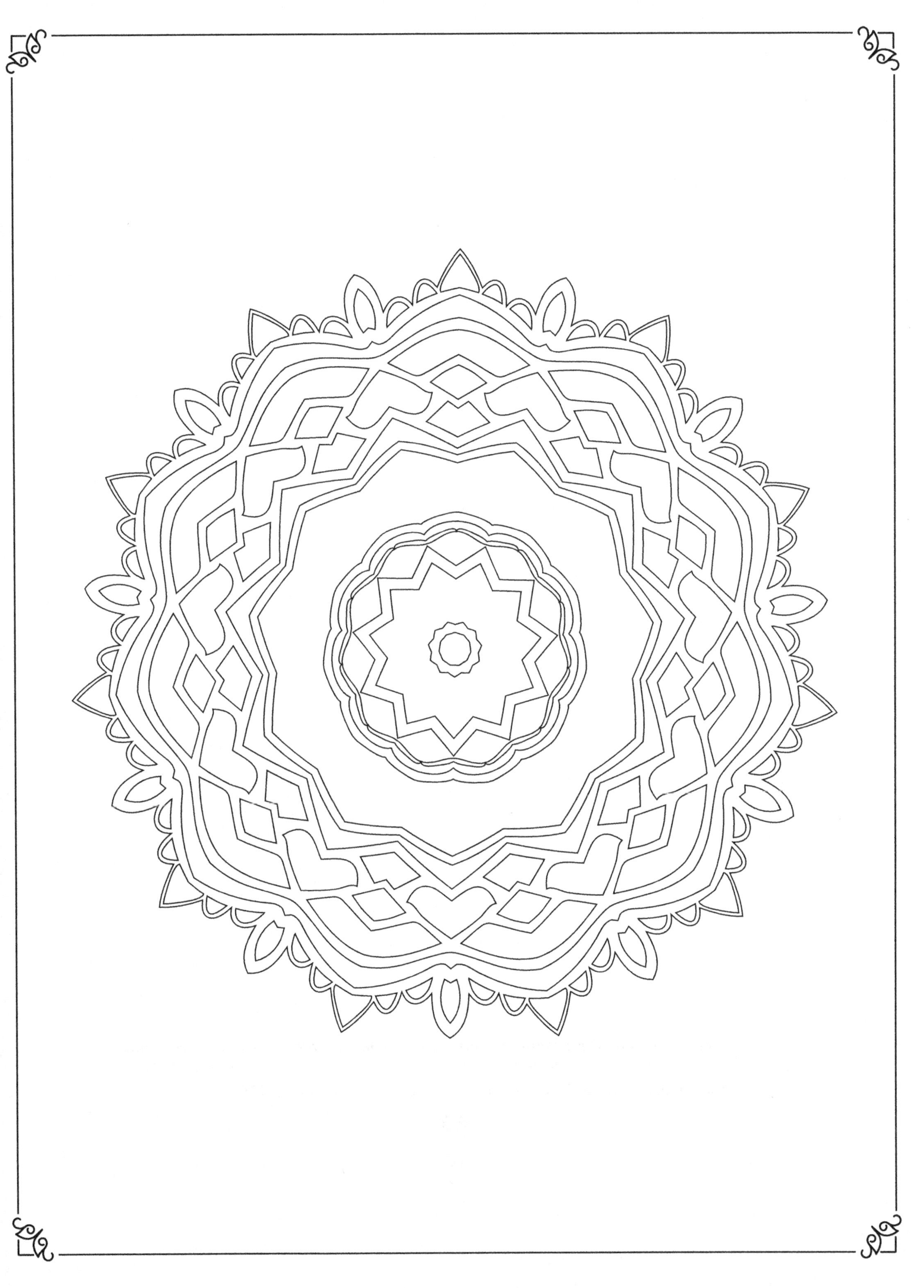

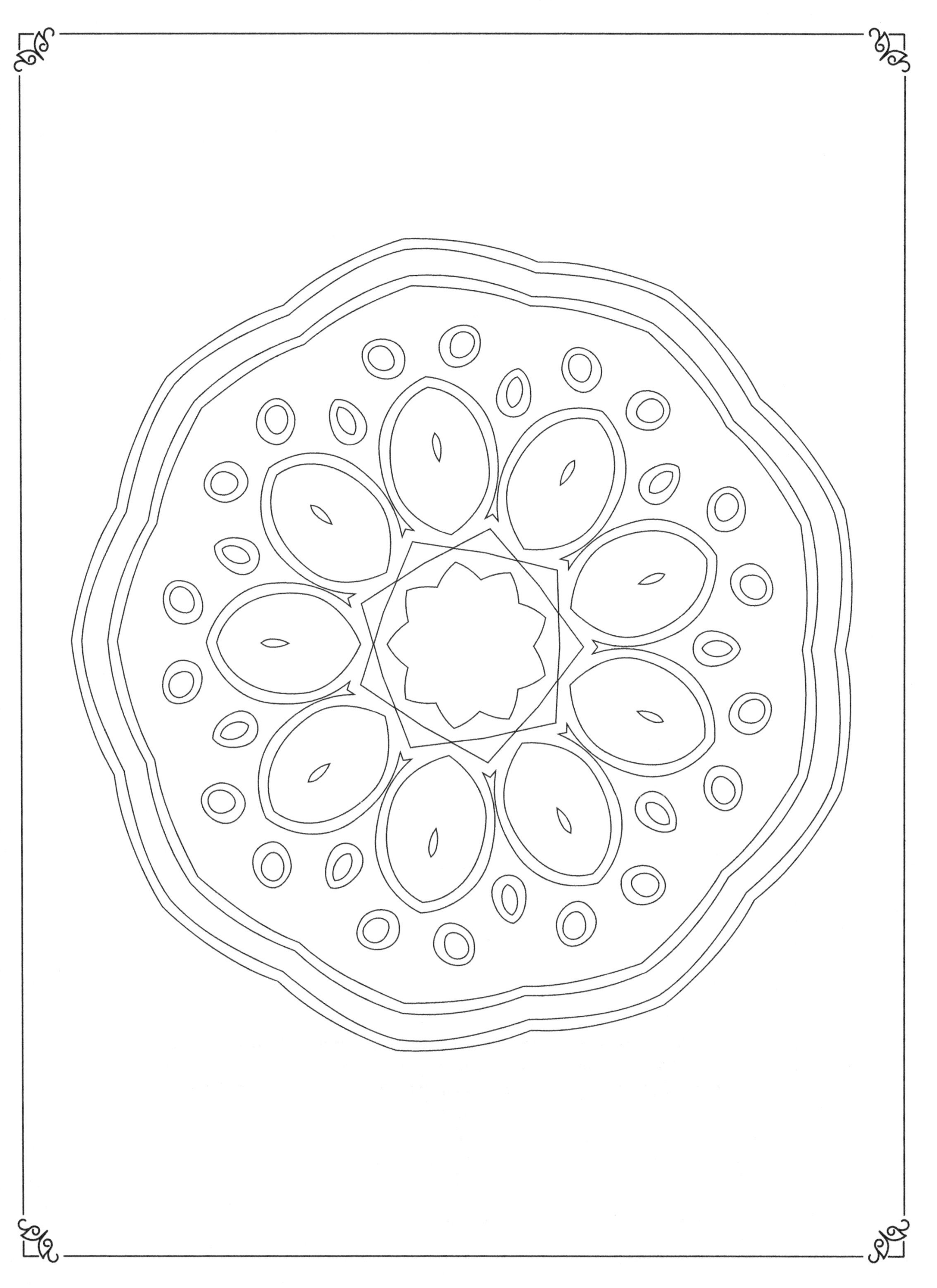

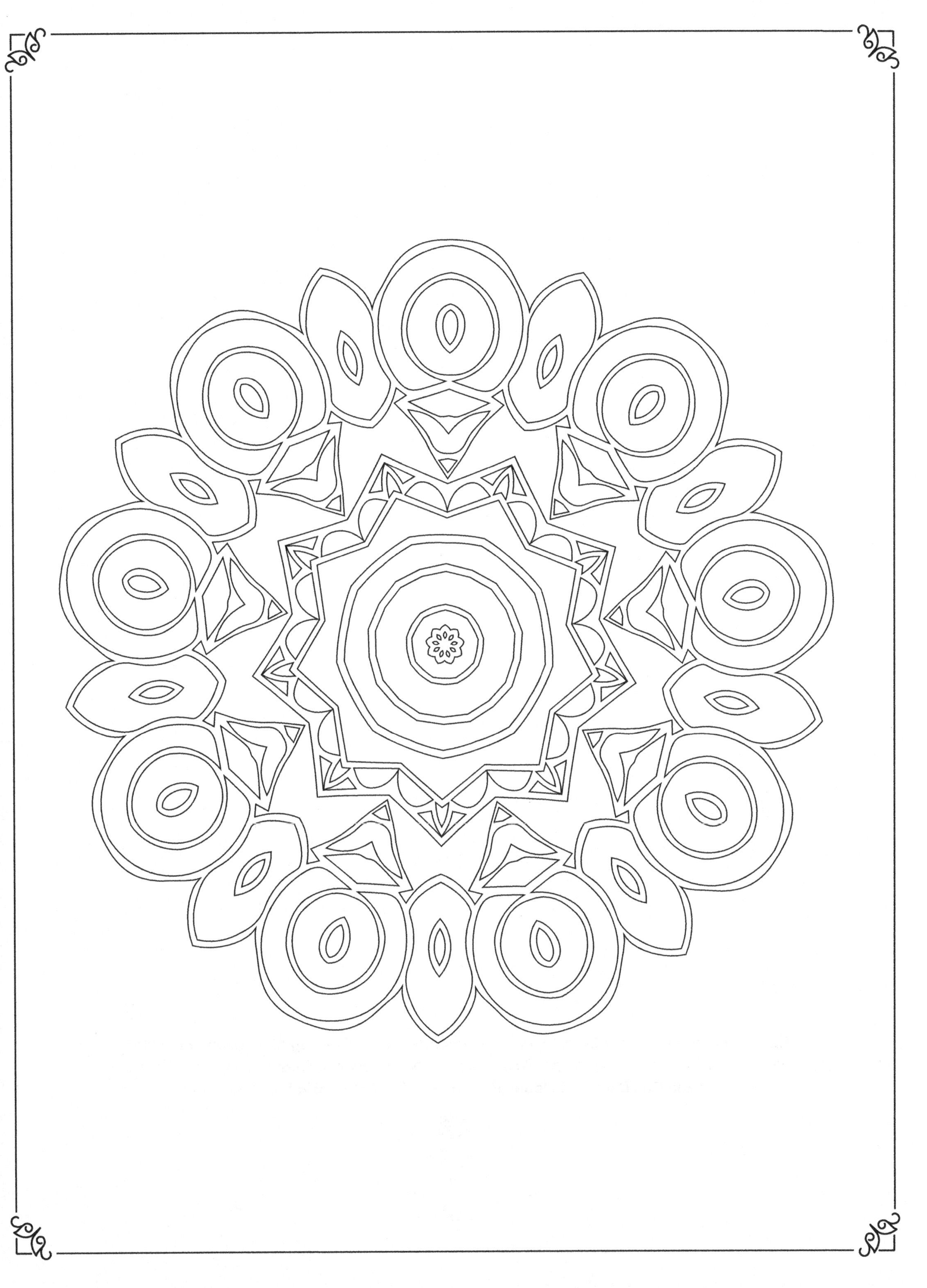

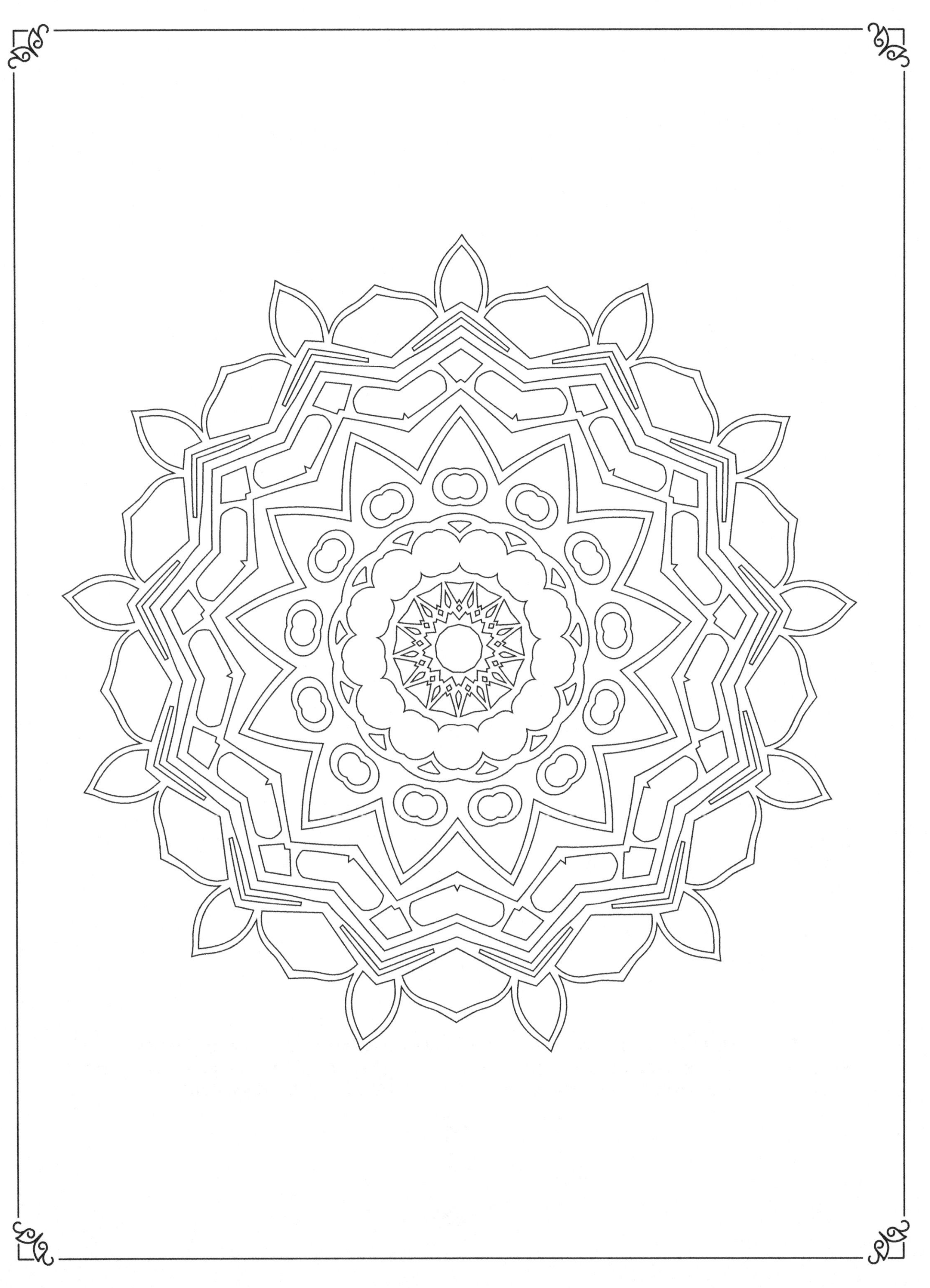

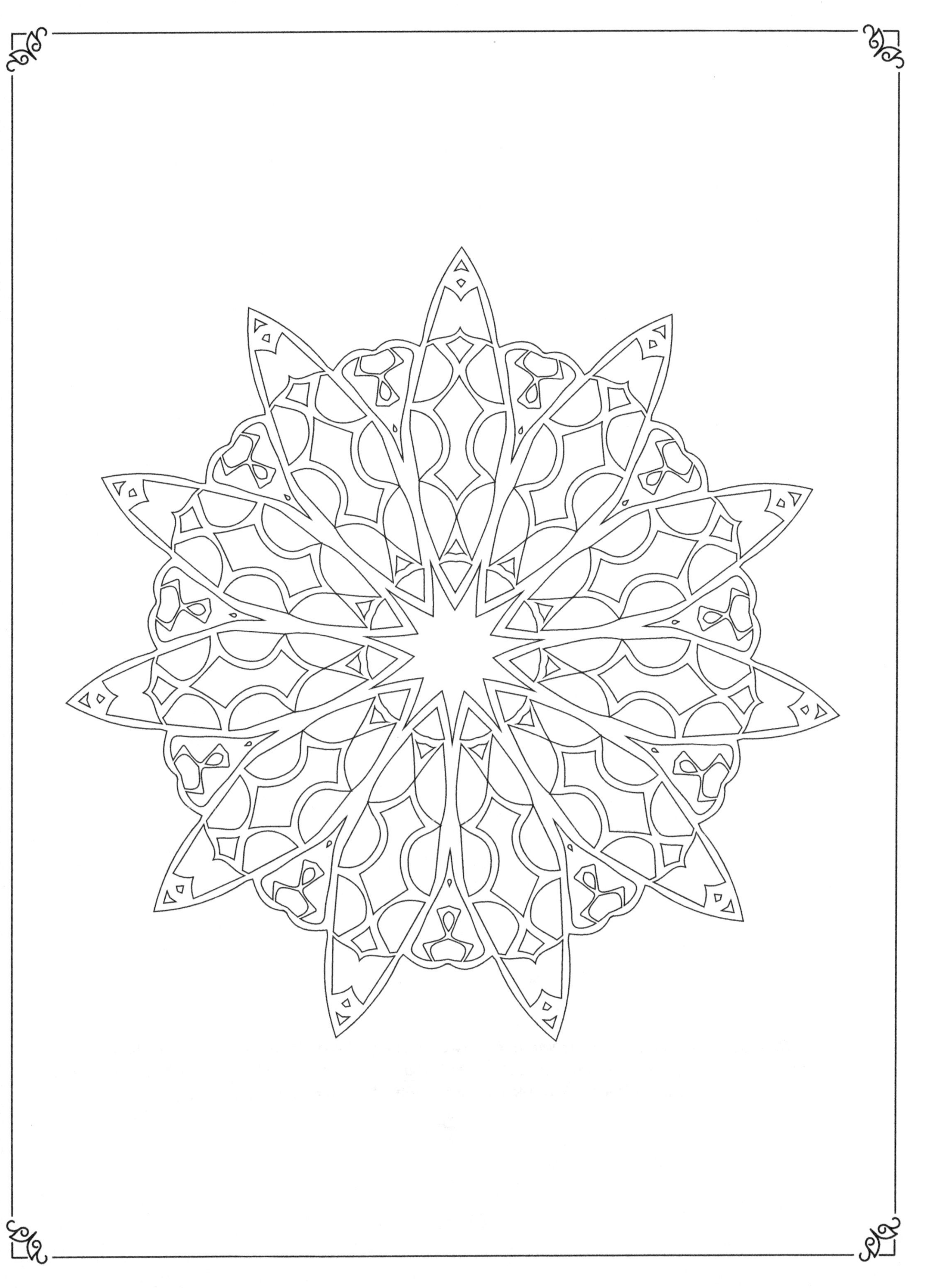

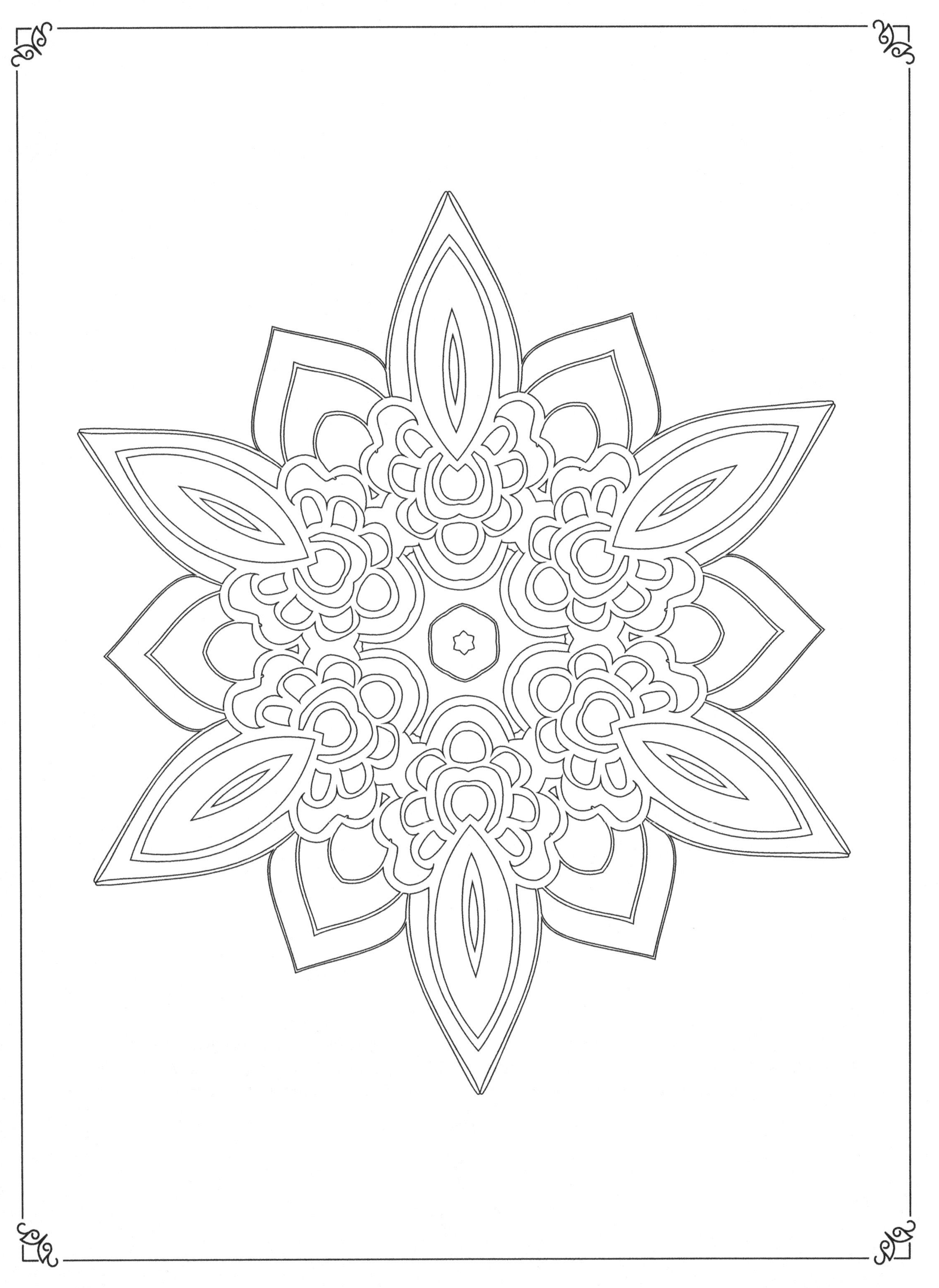

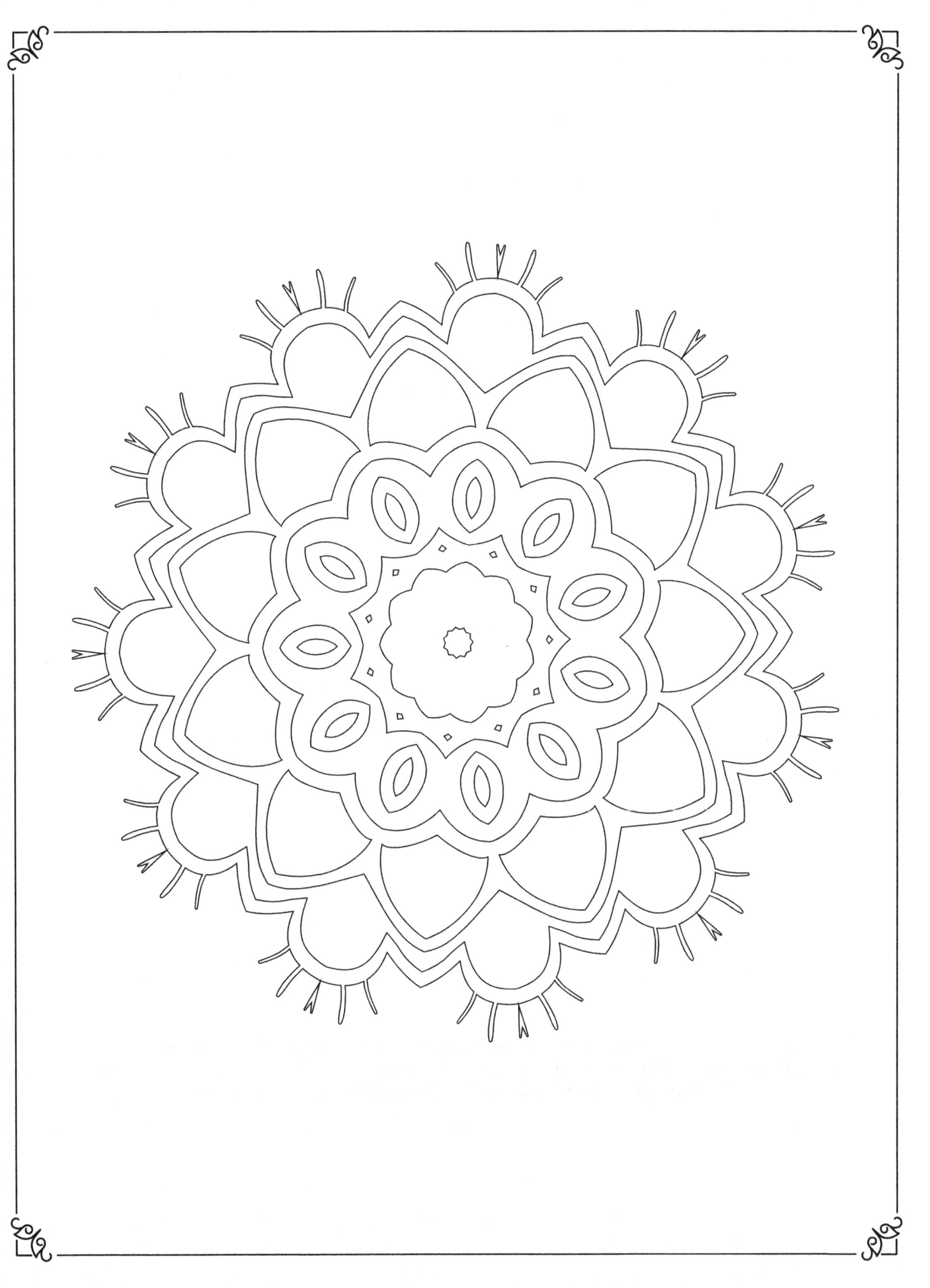

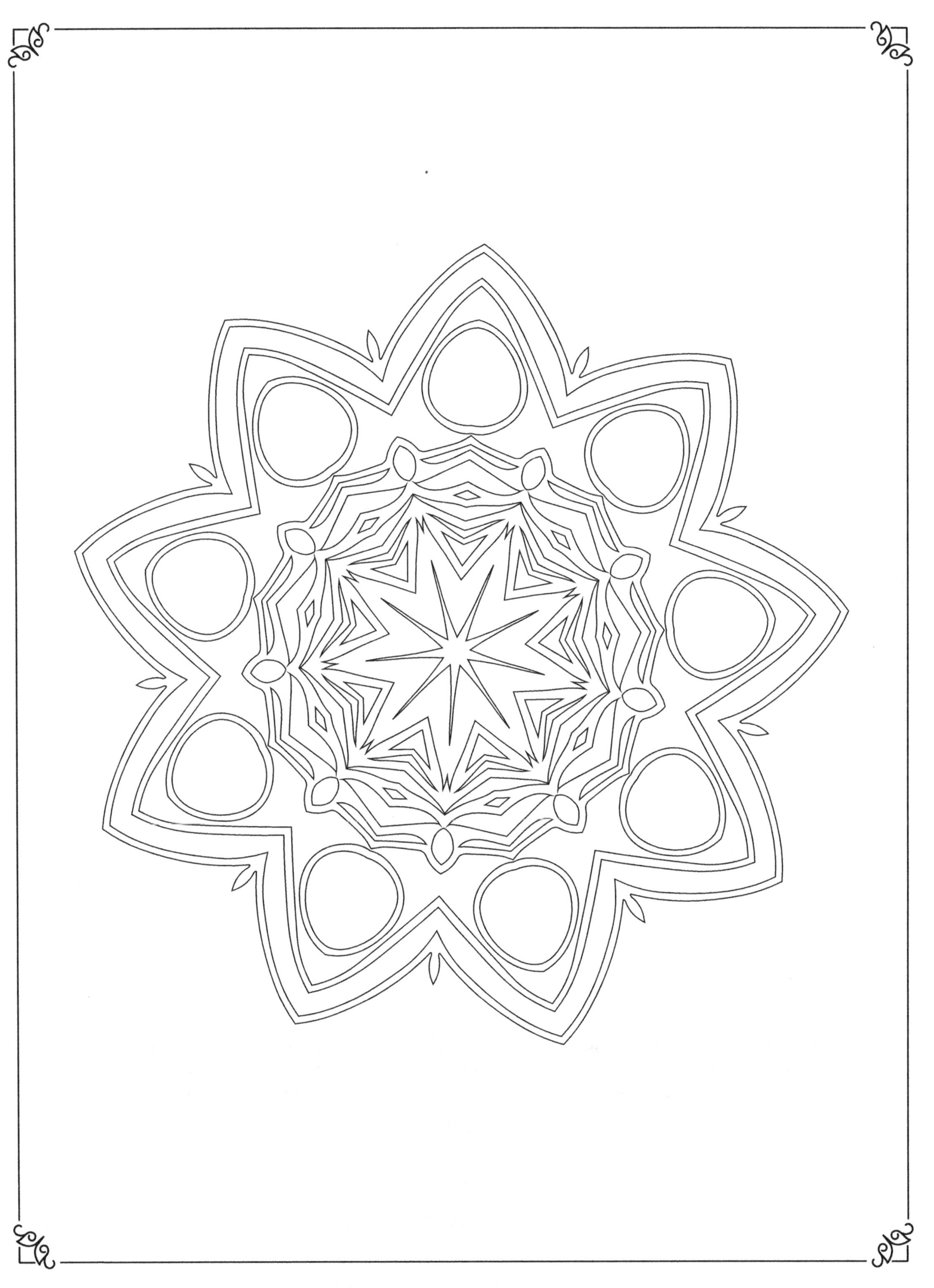

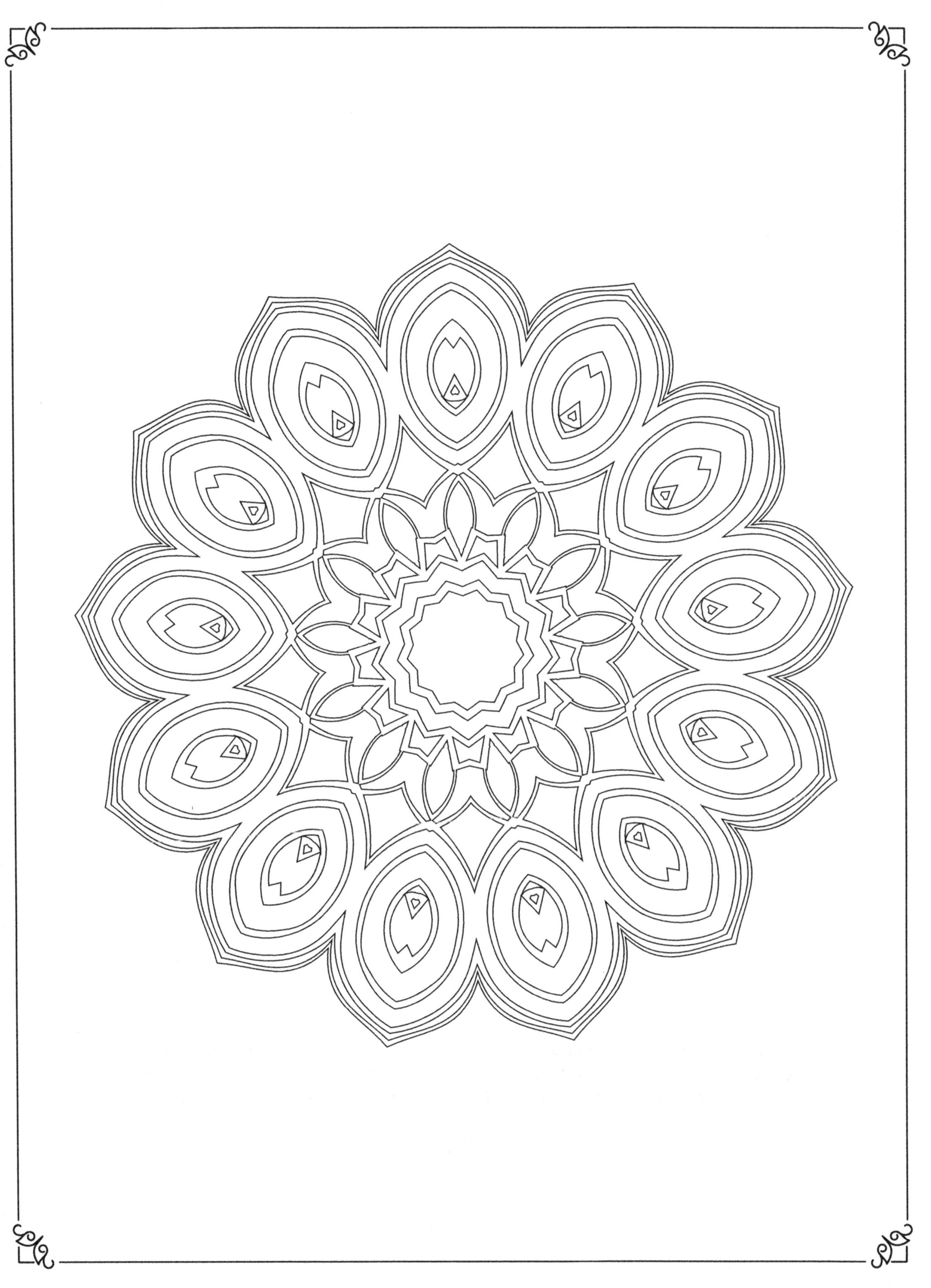

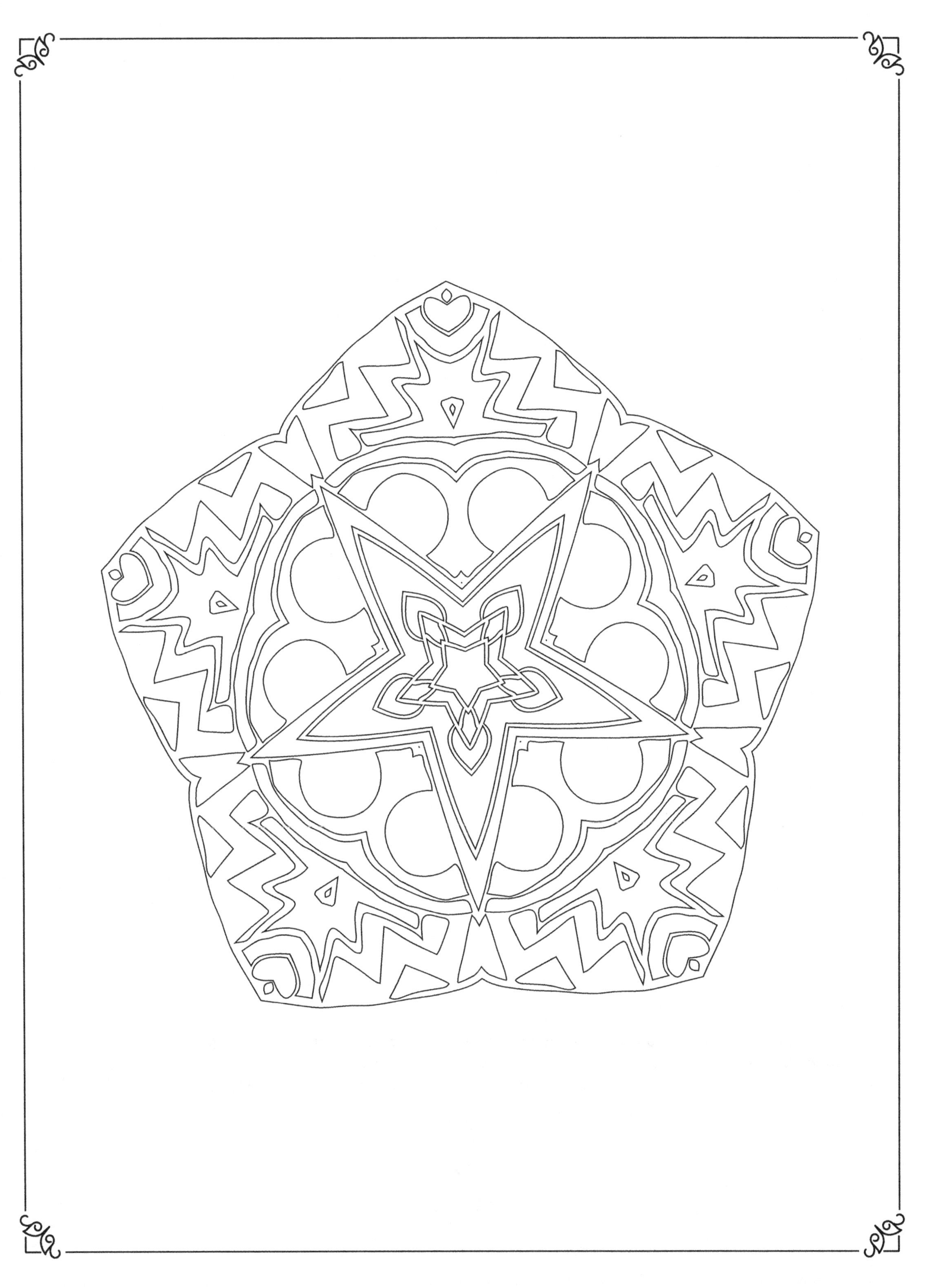

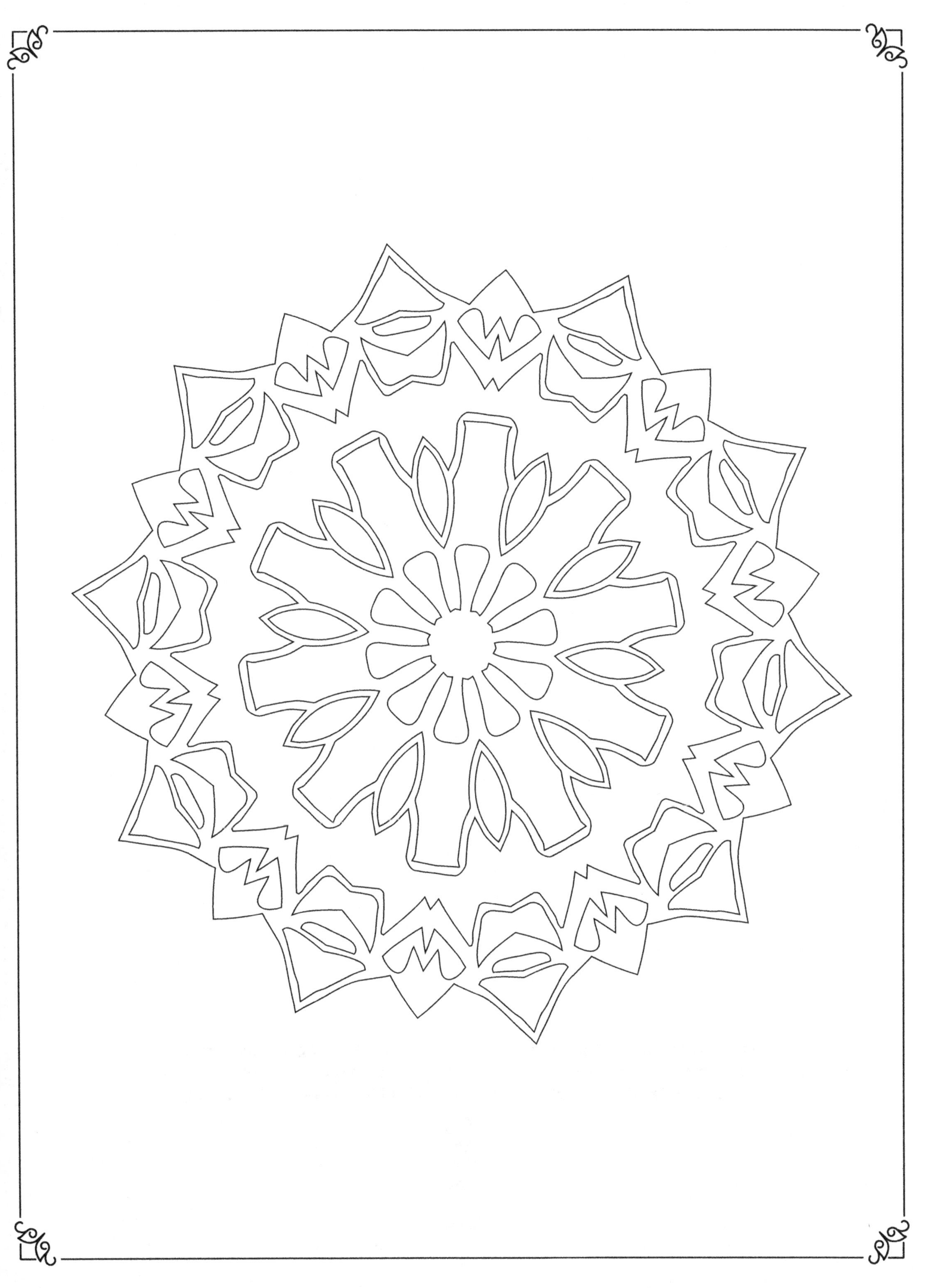

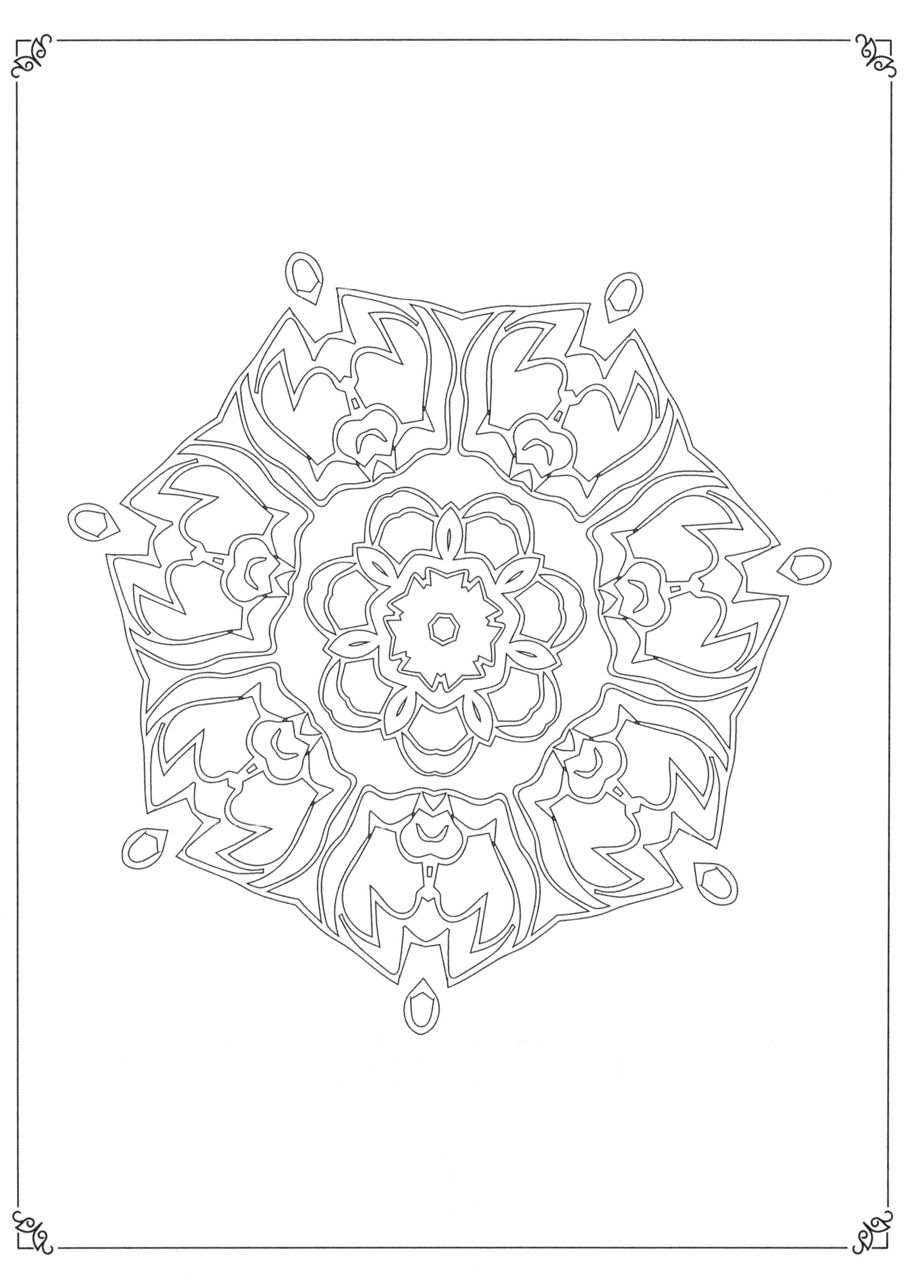

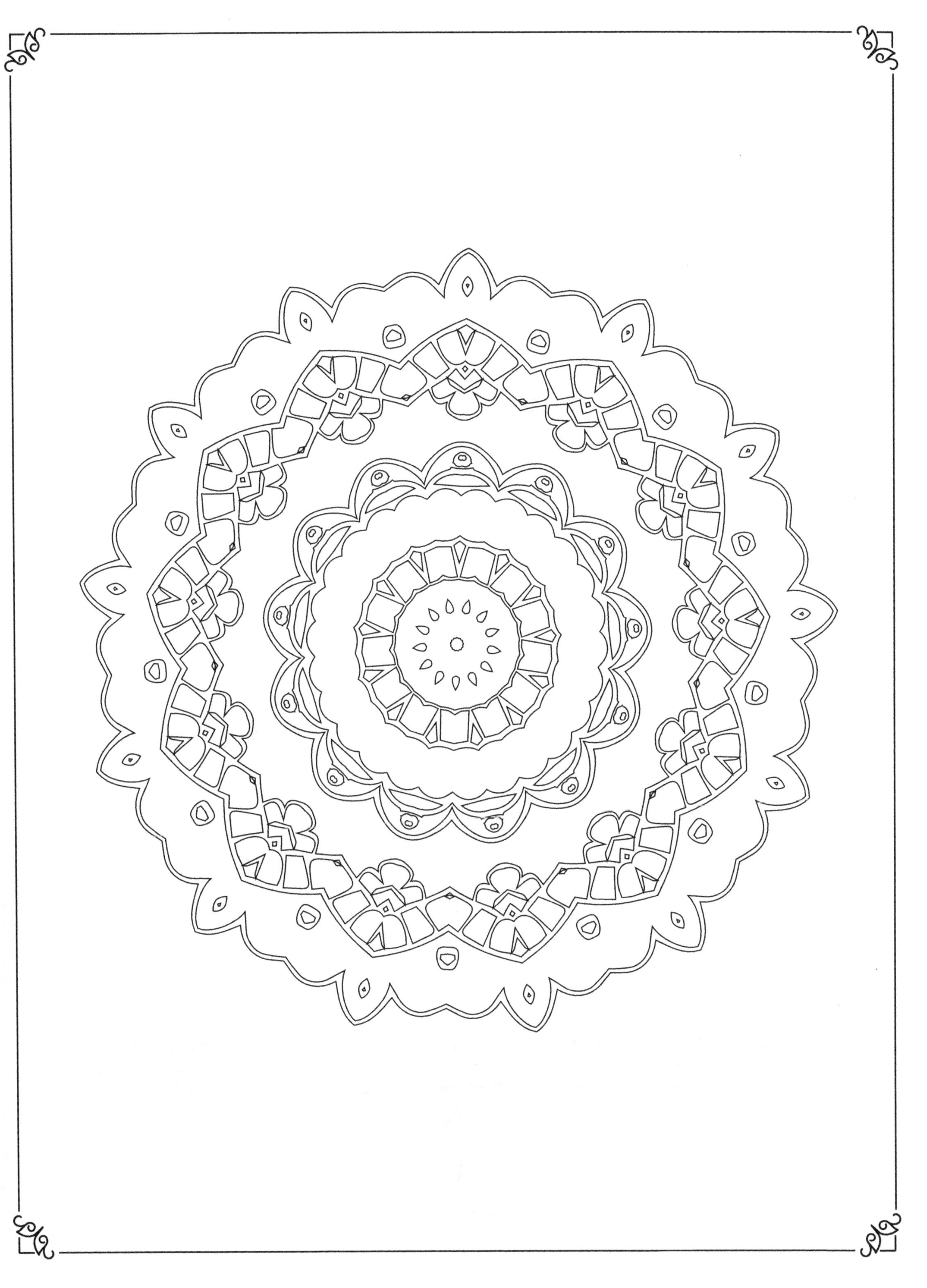

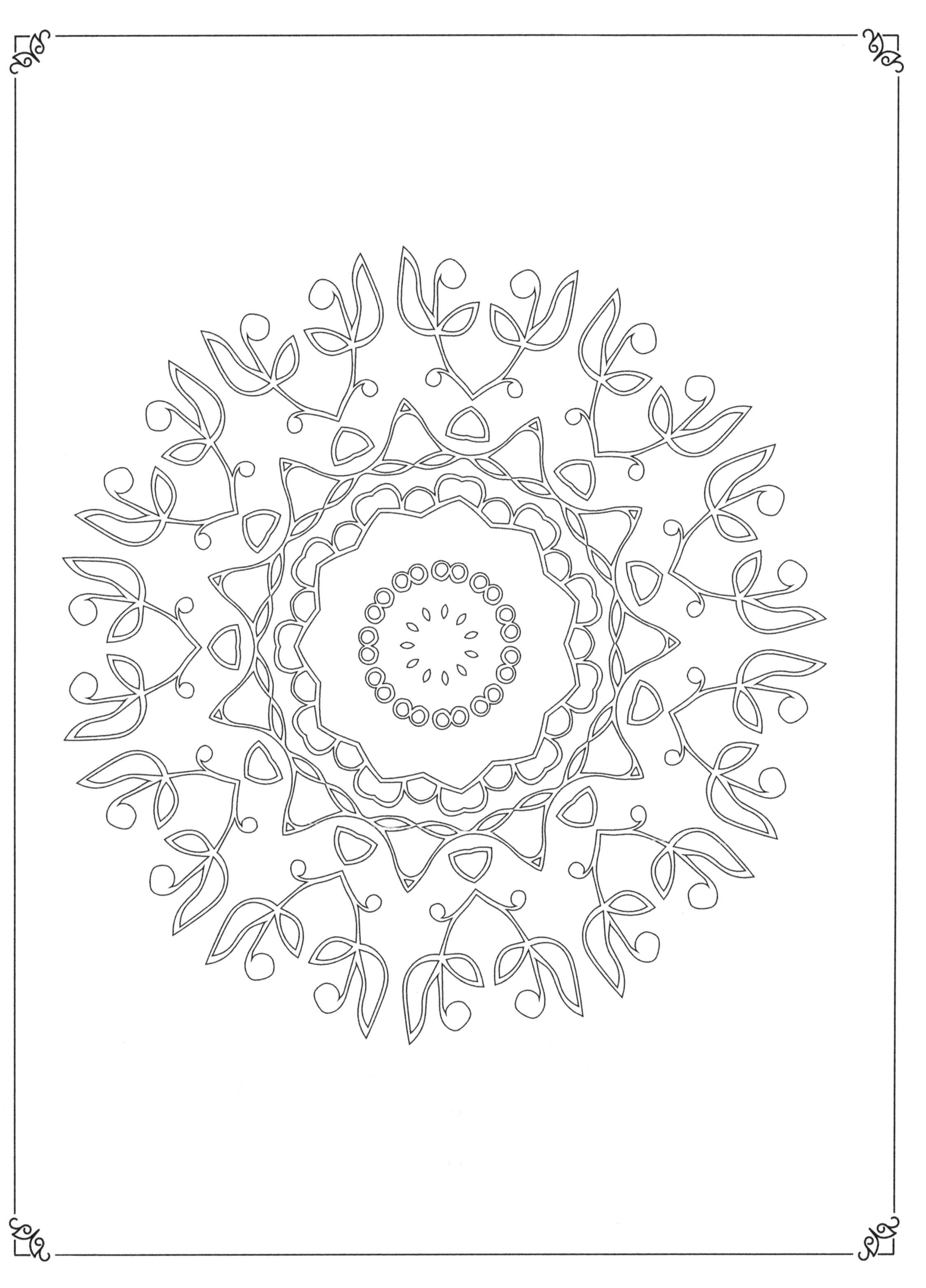

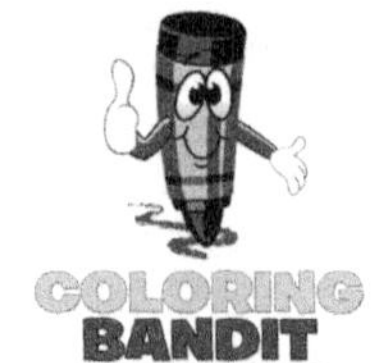

COLORING
BANDIT

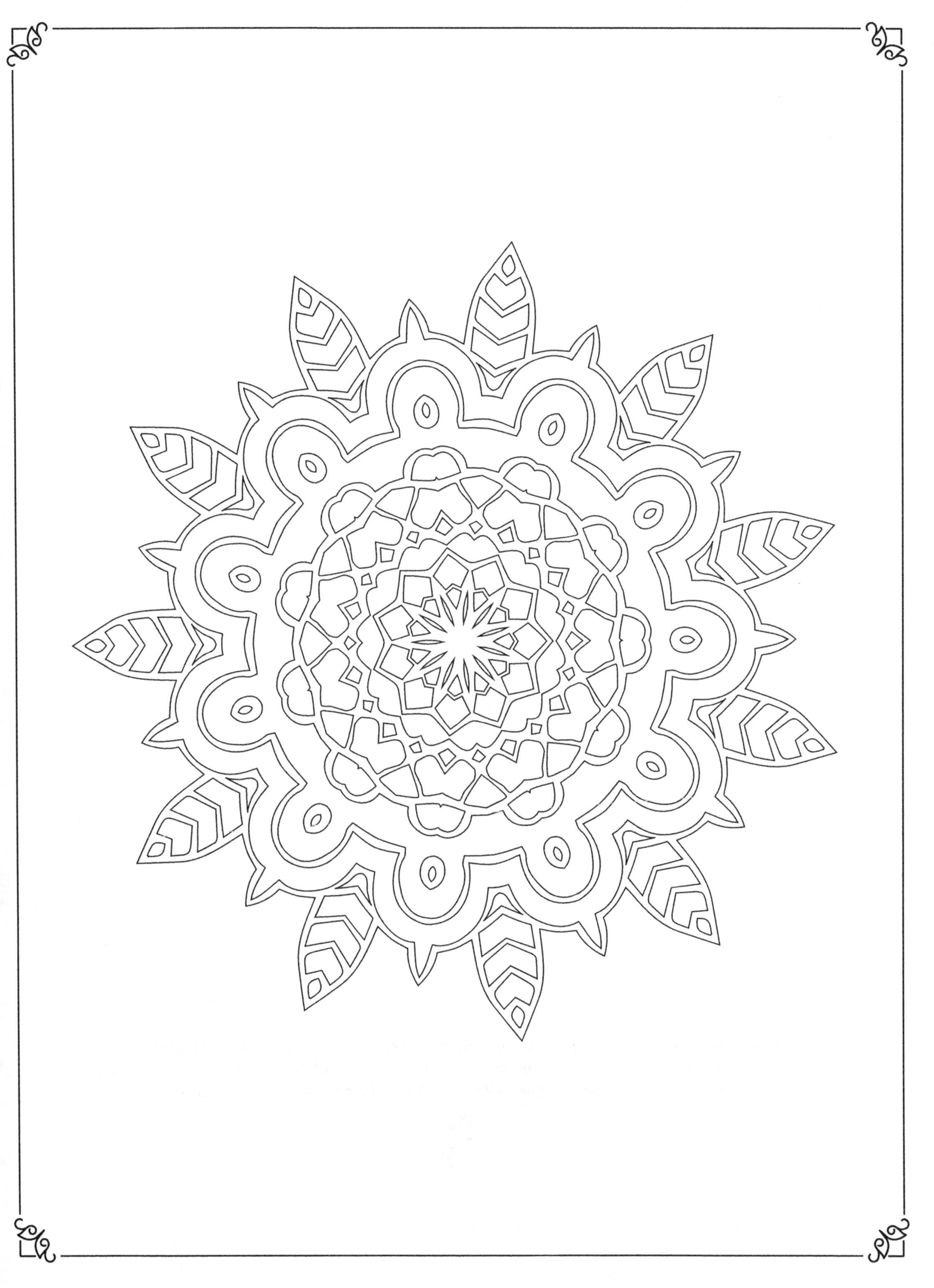

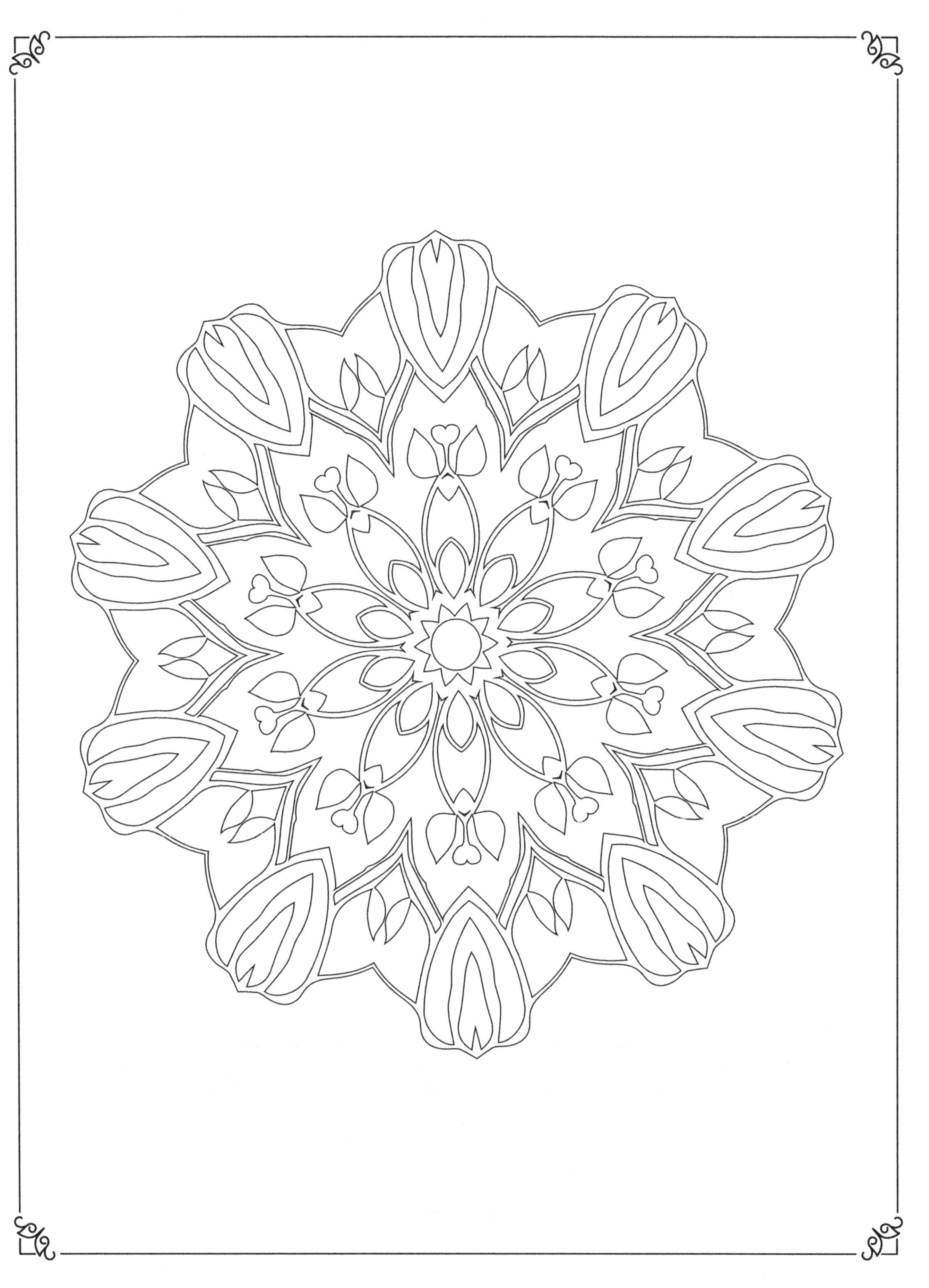

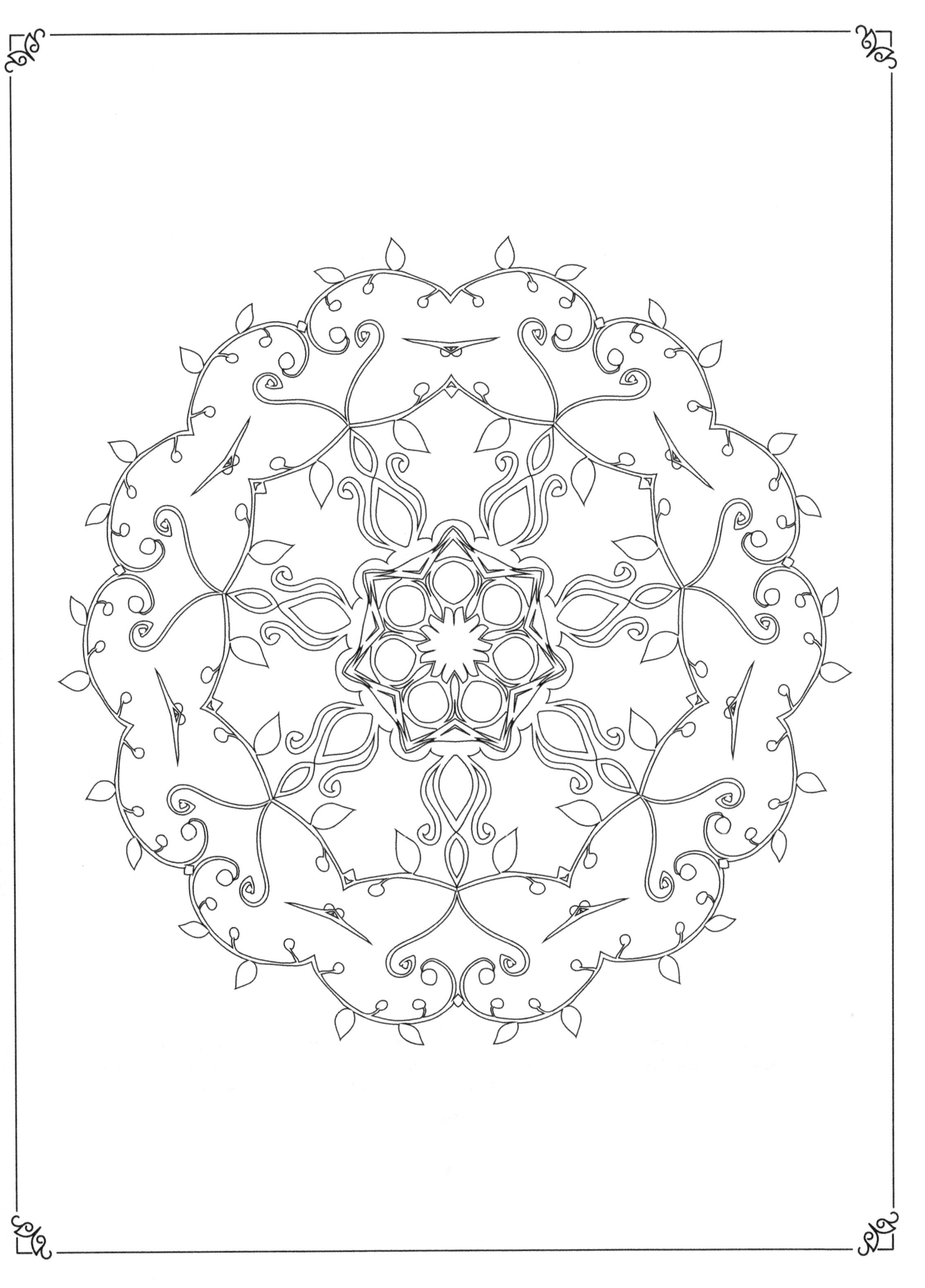

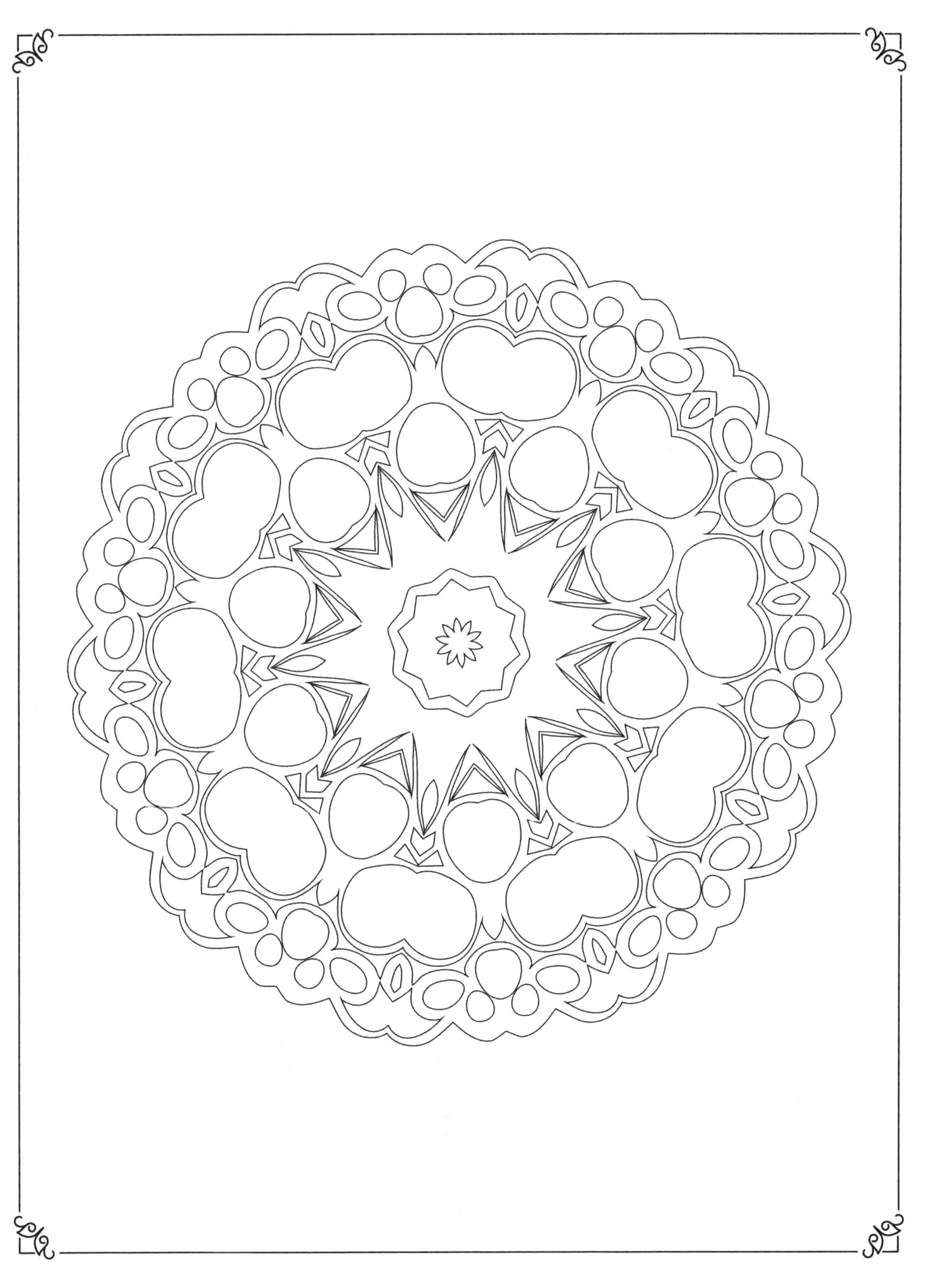

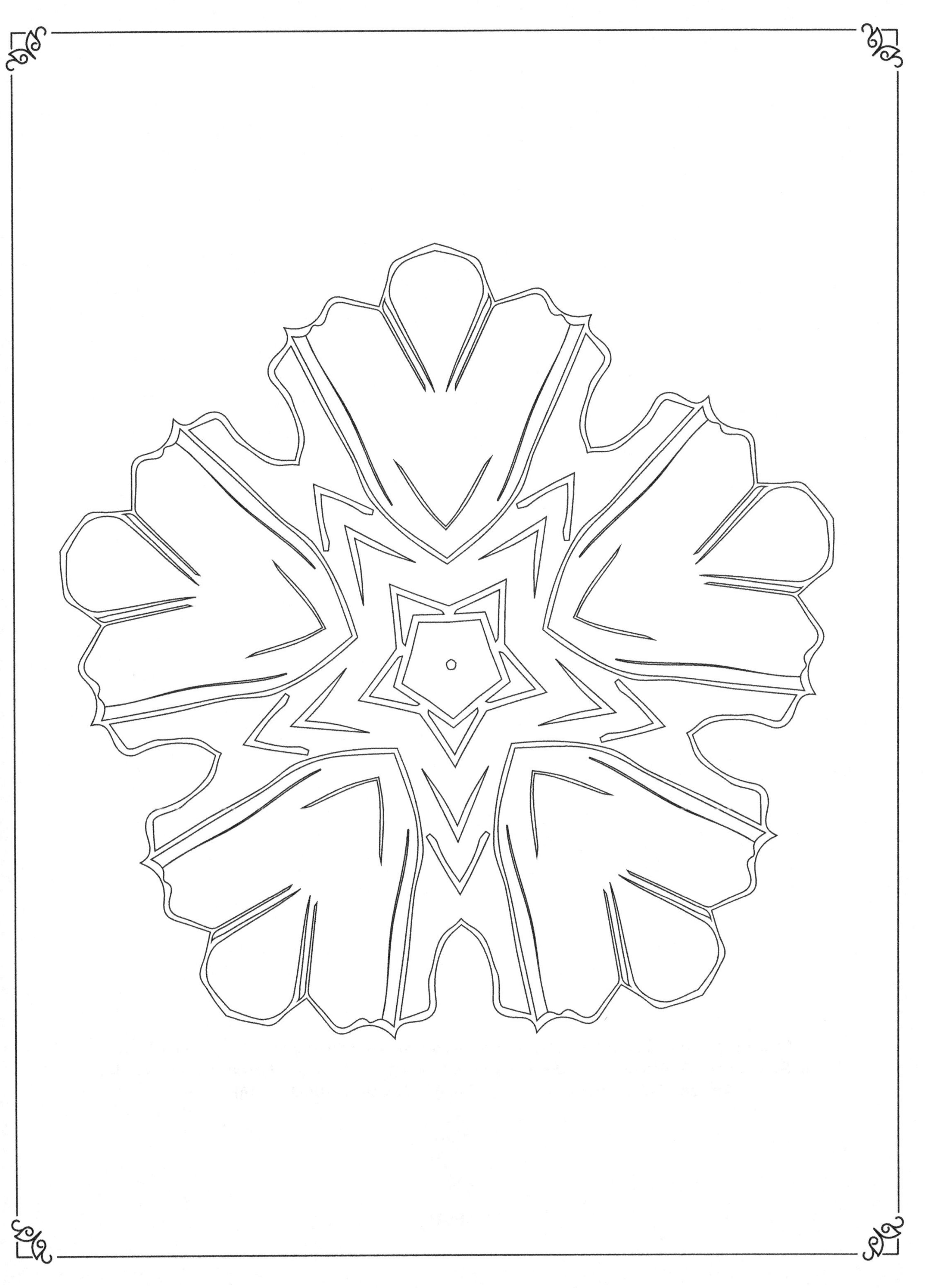

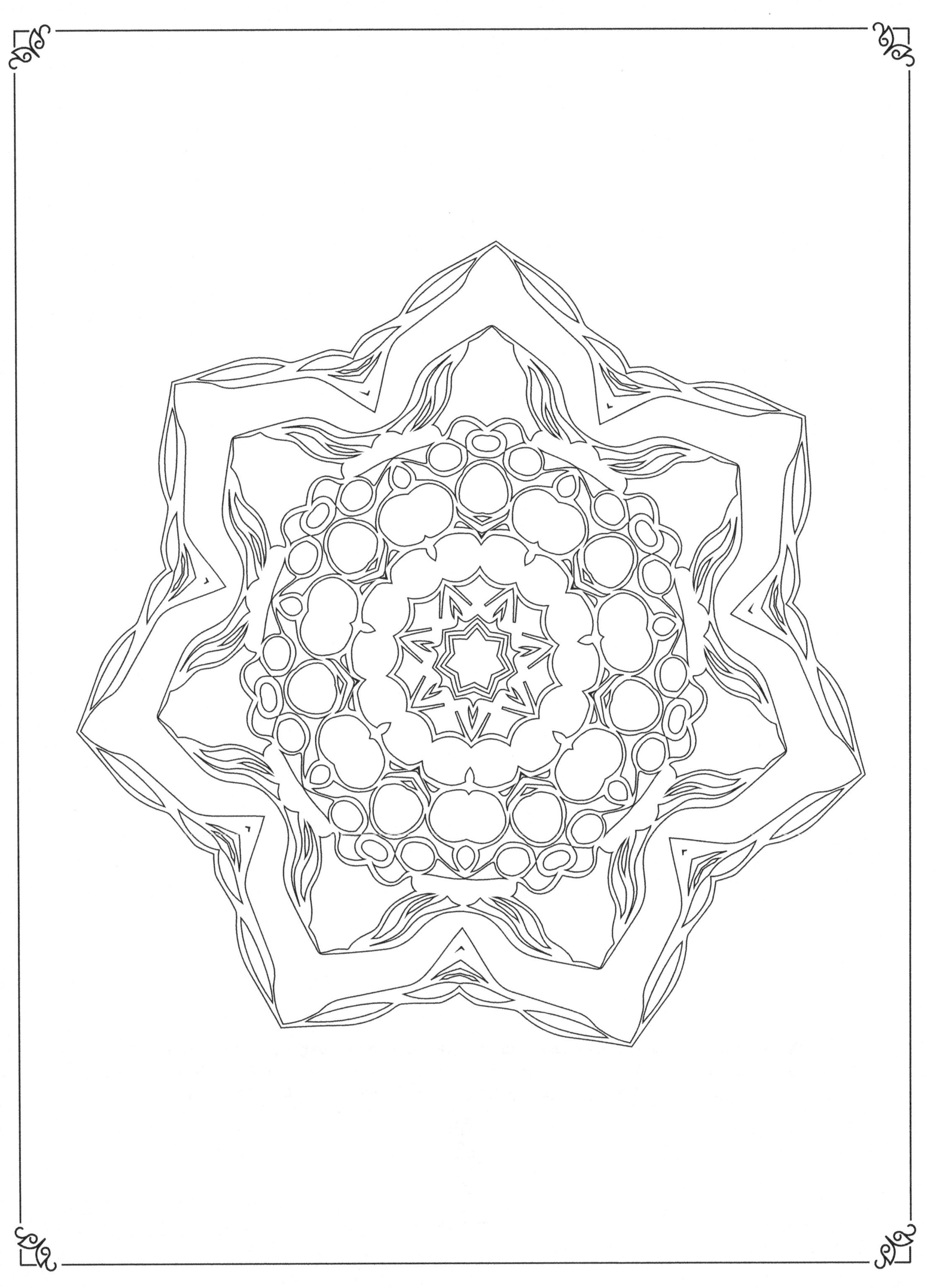

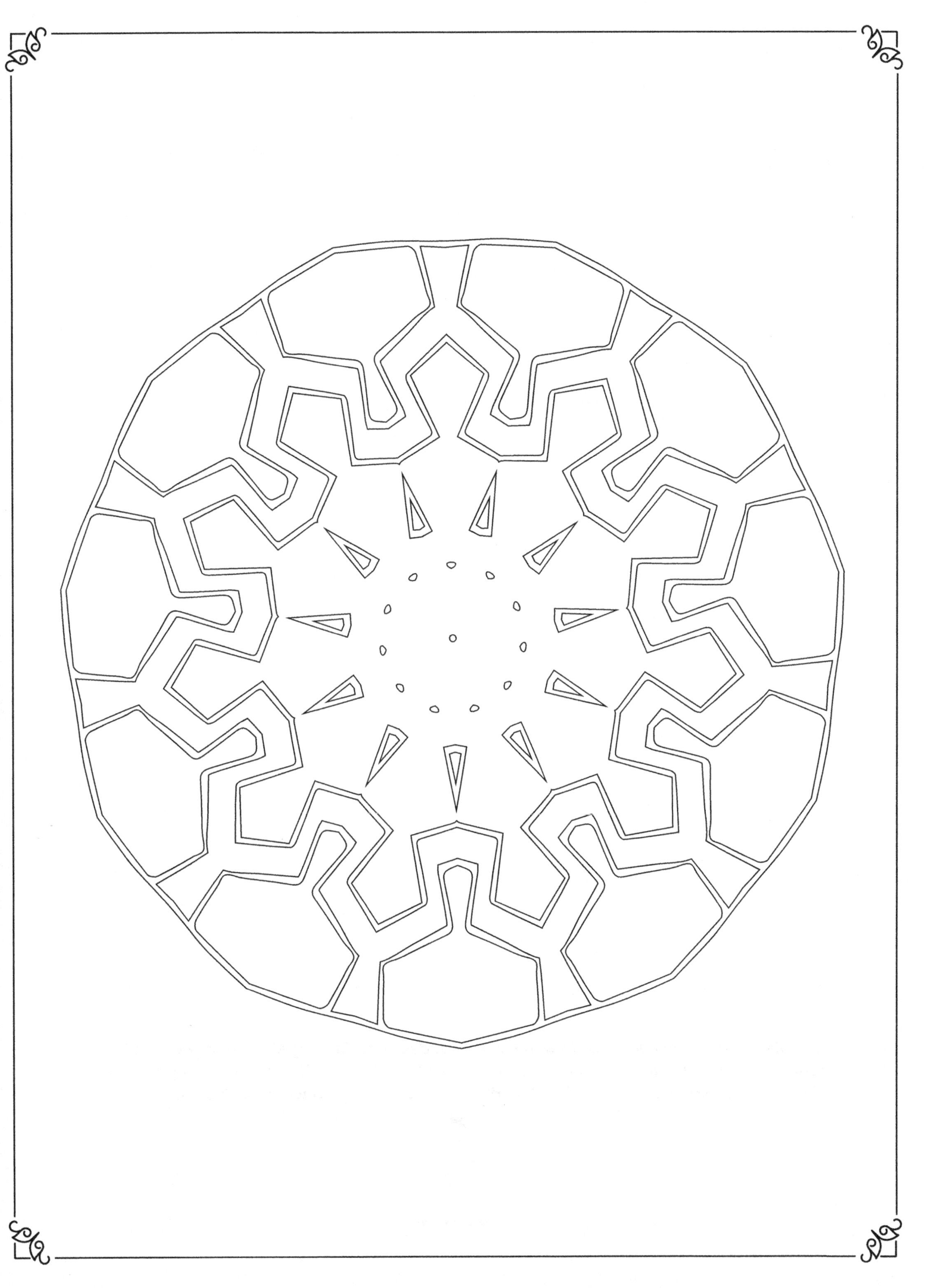

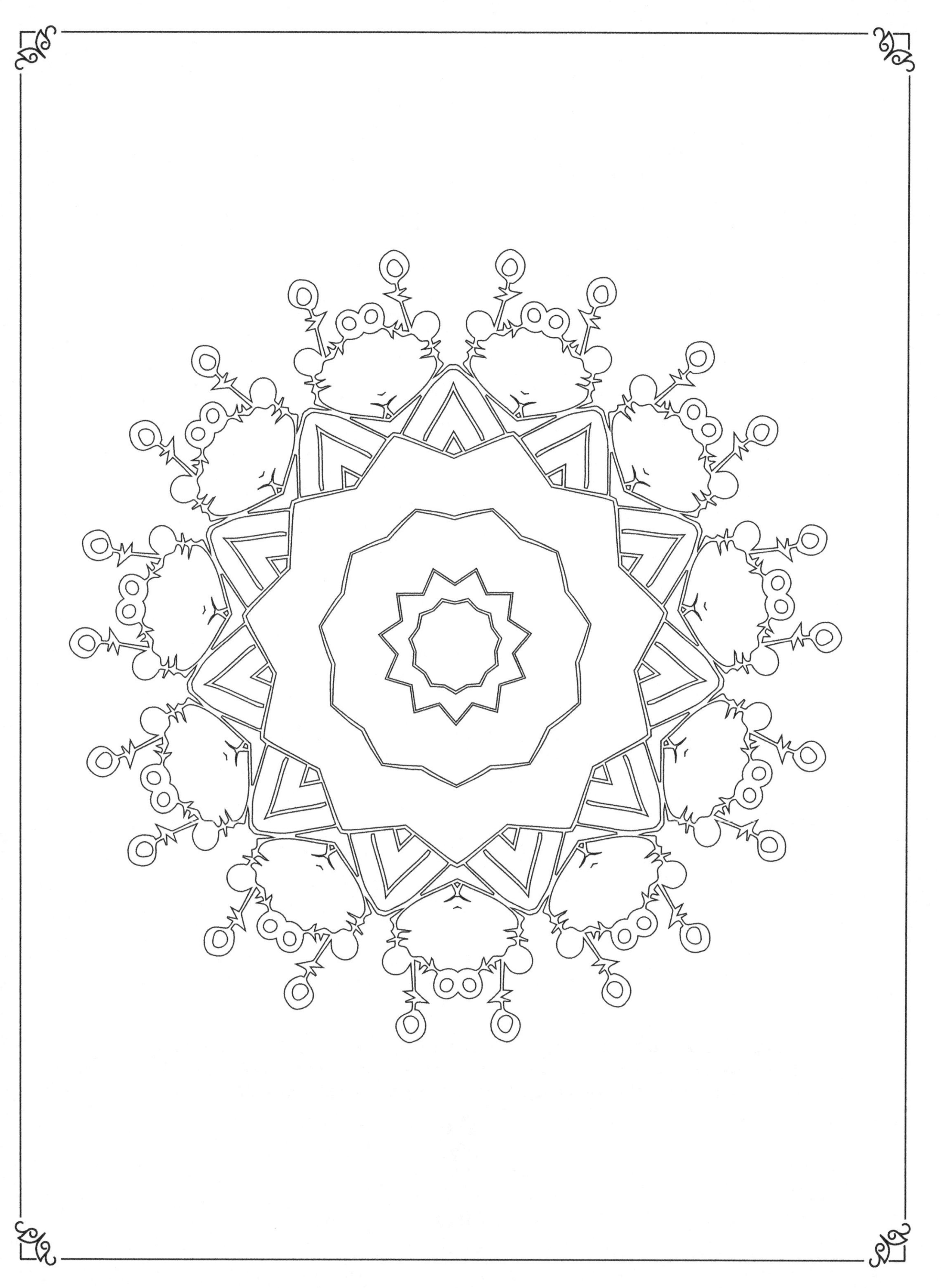

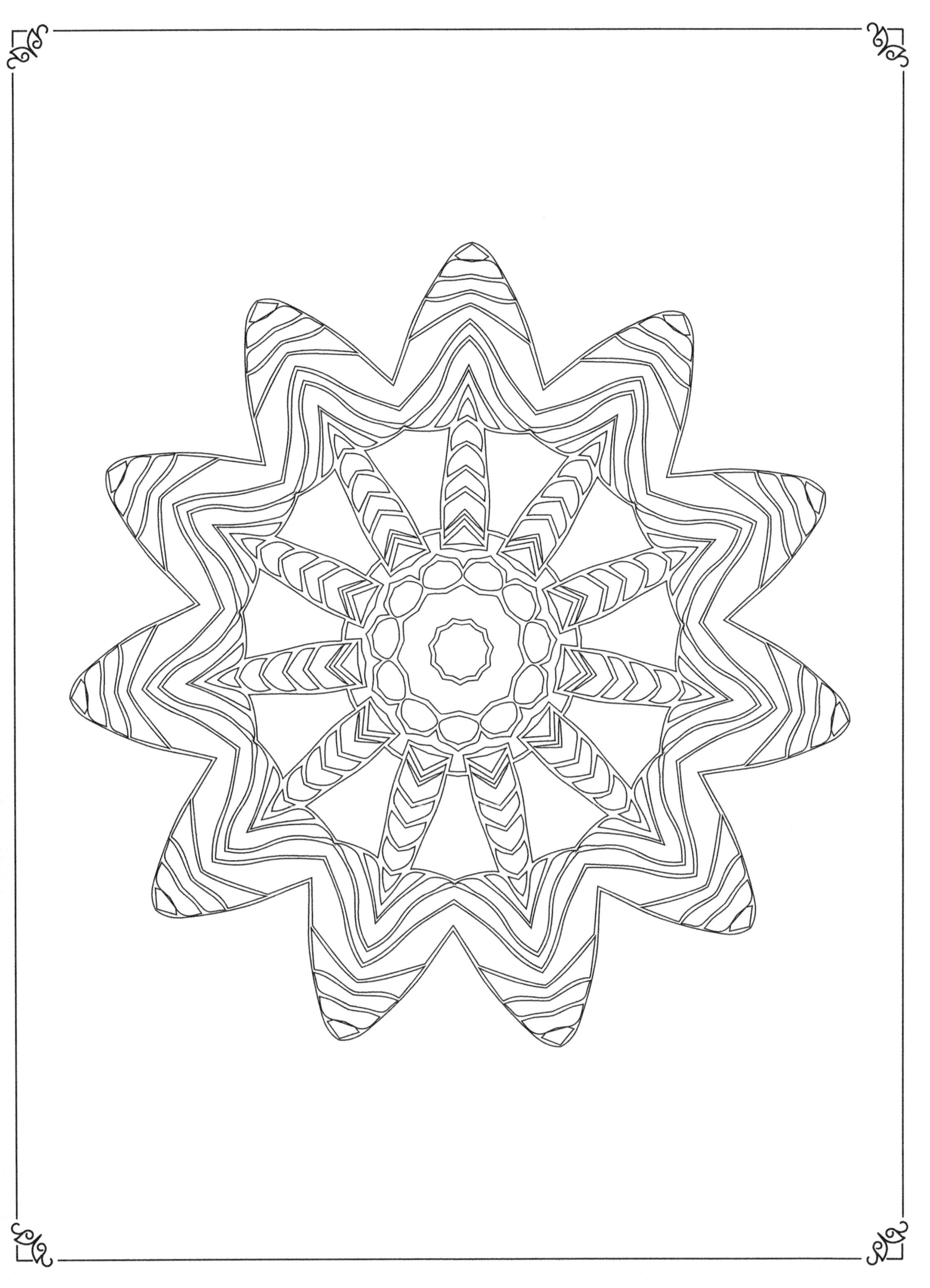

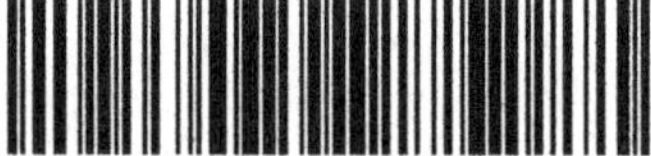